TID
Livet är inte kronologiskt

Alex Schulman & Sigge Eklund

TID

Livet är inte kronologiskt

Bookmark Förlag
www.bookmarkforlag.se

TID – Livet är inte kronologiskt
© 2016 Alex Schulman & Sigge Eklund
Bookmark Förlag, Stockholm 2016
Svensk utgåva enligt avtal med Lennart Sane Agency
Omslag: Hummingbirds
Omslagsbild: Hummingbirds
Författarfoto: Magnus Ragnvid
Fotografi s. 204 © Henrik Halvarsson
Fotografi s. 274 © Hans Gedda/Link Image
Tryckt och inbunden av: ScandBook UAB, Litauen 2016
978-91-88171-51-1

PROLOG • 9

DÅ • 13

GÅTAN MED TIDEN • 15
Alex TRATTEN • 17
Sigge KEDJORNA • 29

GENERATIONSVÄXLING • 39
Sigge IMPROVISERAT FÖRÄLDRASKAP • 41
Alex TIDENS EKO • 53

OCEANER AV TID • 63
Alex ATT VÄNTA • 65
Sigge LIVETS SKRÄMMANDE LÄNGD • 75

MÖRKA UNGDOMSÅR • 83
Sigge DEN ELAKA FLICKVÄNNEN • 85
Alex TRE ÄRR • 95

ATT HINNA I KAPP SITT JAG • 109
Alex KARAVANEN • 111
Sigge SAMMANBROTT OCH GENOMBROTT • 121

NU • 131

LEVA I NUET • 133
Sigge INFORMATIONSLÖSA ÖGONBLICK • 135
Alex FYRA SEKUNDER AV LYCKA • 147

VEM ÄR DUUU? • 161
Alex ATT ALDRIG VARA "I FAS" • 163
Sigge TIDEN SOM BERÄTTELSE • 175

UR LED ÄR TIDEN • 183
Sigge TIDENS OORDNING • 185
Alex ETT LITET GLAPP I TIDEN • 195

ENSAM I NUET • 205
Alex KRÄNKT OCH ISOLERAD • 207
Sigge ENSAM DRÖMMARE • 217

PÅ JAKT EFTER TIDEN • 225
Sigge DEN DOLDA DANSEN • 227
Alex TILLBAKA HEM • 237

SEN • 247

ATT SE SLUTET • 249
Alex EN TESKED MED DIAMANTER • 251
Sigge ÖVER KRÖNET • 263

VÄGEN FRAMÅT • 275
Sigge ATT SÖKA EN RÖST • 277
Alex LIVETS OLIDLIGA LÄTTHET • 287

BORTOM TIDEN • 295

LIVET ÄR INTE KRONOLOGISKT • 297
Alex KARUSELLEN SOM SKA GÅ TILL KVÄLLEN • 299
Sigge RÖRELSEN • 307

PROLOG

När vi ser tillbaka på innehållet i vår podcast, i krönikor vi publicerat, böcker vi skrivit eller i samtal vi haft med varandra genom åren, så märker vi att vi ständigt återvänder till tiden. Den håller oss i ett fast grepp. Det är kittlande att tänka på den, och samtidigt ger den oss ångest. Vi har upptäckt att tiden påverkar oss mycket mer än vad vi kunnat tro. Kanske är vi inte ensamma om det här?

Det finns två dagar på året då det svenska folket mår sämre än andra dagar. Det är den 24 januari och den sista söndagen i mars. Att vi är så olyckliga den 24 januari beror på mörkret, kylan, att vi är fattiga efter julen och dessutom att det är en dag innan lönen kommer.

Att vi är olyckliga den sista söndagen i mars beror på omställningen till sommartid. Det är då vi flyttar fram klockan en timme. Man kunde tro att en timme hit eller dit inte skulle spela så stor roll, men det är förvirrande och uppslitande för oss. Sovvanor ruckas, mattider förändras, familjemedlemmar brottas plötsligt med sömnsvårigheter och vi upplever att våra barn beter sig irrationellt. Tillståndet utgör ett mindfuck utan dess like – vi tillbringar tiden med att gå runt och tänka på vad klockan är och på vad klockan *egentligen* är.

En liten timme försvinner eller tillkommer i våra liv och det blir kaos. Det hotar vår existens: Enligt forskare ökar antalet hjärtinfarkter när vi går över till sommartid. Det finns dessutom studier som visar att självmordsfrekvensen ökar under perioden.

Allt detta på grund av en enda ynklig timme.

Det säger något om vilket grepp tiden håller oss i.

Tiden påverkar oss också existentiellt, i det att det omöjligt går att förstå den. Ett ögonblick i barndomen känns som om det hände i går. En händelserik vecka kan kännas som ett helt liv. En traumatisk vecka kan pågå i ett år. Tiden stannar i avgörande skeenden – och går andra gånger så olidligt fort.

Tiden beter sig märkligt. Och vi beter oss märkligt i den.

Men vi har saknat verktygen för att förstå den. Vi fastnar i tidsdimensionerna – i det som hände då, i det som händer nu eller det som ska hända sen. Vi fastnar i våra barndomar, vi gräver och gräver i det som hänt för att förstå vilka vi är i dag. Vi fastnar i nuet när vi försöker hitta sätt att vara närvarande i den så kallade stunden. Och när vi blickar framåt så märker vi att vi blockeras. Den ene av oss i oro och dödsångest, den andre i självtvivel. Det här gör oss olyckliga. Vi äger inte tiden, utan tiden äger oss.

Den här boken är ett försök från vår sida att ta kontroll över tiden.

Vi vill få rätsida på den, och därmed få rätsida på oss själva. Boken var tänkt som en tankebok om tid, men när den nu är skriven märker vi att den också kom att bli något av ett självporträtt.

Kanske handlar den också om dig. När allt kommer omkring är vi ju alla fast i samma tid.

Alex Schulman och Sigge Eklund
Stockholm, juli 2015

DÅ

KAPITEL I

GÅTAN MED TIDEN

•

Där Alex ligger i sin dotters säng och inser att tiden binds samman av en tratt

Där Sigge ligger i sin sons säng och inser att tiden binds ihop av en kedja

Alex

TRATTEN

Jag sitter på ett tåg mellan Göteborg och Stockholm. Man sitter så nära varandra i tystnad på tåg, man blir så intim med varandras världar. Det sitter en kvinna två rader fram, jag är en del av hennes värld, för hon har tagit fram matsäck och lukten av rumsvarm äggmacka letar sig fram till mig. Precis bredvid mig sitter en ung kille och lyssnar på musik. Jag hör inte musiken, men jag hör diskanten. Hans diskant är min diskant. Bakom mig sitter en medelålders man och pratar i telefon om saker som rör hans arbete. Han gör det på ett sådant sätt att man hatar mannen, generellt, man hatar alltså könet man. Den där bredbenta rösten, det är en röst att tappa förståndet till. Vi sitter och tar del av varandra, men vi låtsas inte om varandras existenser. Vi viker undan ett ben när någon ska gå på toaletten, men i övrigt gör vi inget som bekräftar att vi har med varandra att göra, att vi sitter i den här tågvagnen tillsammans.

Jag sitter på plats 17.

Vagn nummer 2.

Jag åker baklänges.

Det finns tydligen människor som inte gillar att åka baklänges i tåg. De tycker att det är obehagligt och felvänt, de blir åksjuka och sitter och mumlar och vill av. Jag förstår det inte. Det finns något i det perspektivet som lugnar mig. Att slippa se saker som tornar upp sig framför en, att njuta av att se saker som försvinner bakom en. Som man tänker sig på safari, när man sitter där bak i den öppna jeepen efter en lyckad jakt och ser hur savannen försvinner där borta. Det finns något fridfullt med det. Tåget är som ett koncentrerat NU. Allt som ligger framför tåget på rälsen är framtid och allt som ligger bakom det är dåtid. Tåget blir en nuets tratt genom vilken livets alla oändliga möjligheter reduceras till ett definitivt förflutet. Jag sitter bakåtvänd i stolen och tittar ut på det som redan hänt. Jag åker genom Sverige, under kraftledningar, vi lutar oss mot vattenbrynet när vi passerar en sjö. Anorektiska, lövlösa björkar står på rad längs spåret. Vi möter ett annat tåg, luftdraget låter som när någon slår igen en dörr med full kraft. Stugor med vita knutar och människor som just där och då gjorde något. Någon körde en skottkärra, en annan plockade med en vattenslang. Allt är ljudlöst, men fyllt av liv. Jag ser allt försvinna där jag sitter. Där fanns nog sammanhang och miljöer, människor och möten som skulle varit intressanta, kanske livsförändrande, men det är för sent, allt har passerat genom tratten, allt har redan hänt.

Jag lutar huvudet mot fönsterrutan. Saknar mina barn. Jag har rest runt landet med Sigges och min föreställning under hela hösten, att vara borta så mycket från barnen försvagar en. Den här gången har jag varit tre dagar i Göteborg. Show på kvällarna och efter showen kan jag dricka tre whisky och sedan somna. Men det är dagarna som drar tänder. Jag försöker få tiden att gå och ser mycket på matinéfilmer på bio, bland andra *Interstellar*. Matthew McConaugheys karaktär lämnar sin lilla tjej på jorden för att flyga till yttre rymden och hitta ett nytt hem för mänskligheten. Flickan gråter i hans famn och vädjar: "Åk inte!" Och Matthew gråter och håller i hennes kinder och säger: "Jag kommer tillbaka. Jag lovar." Han kommer till en planet som ligger farligt nära ett svart hål. Relativitetsteorins tidsförskjutning gör att varje minut där motsvarar månader på jorden. Han vet att varje timme som går innebär att åratal av hans dotters liv försvinner för honom. Han är inte på planeten särskilt länge, men när han kommer tillbaka till moderskeppet inser han att det gått fyrtio år på jorden. Hans lilla tjej är nu äldre än vad han själv är. Den scen som då följer – där han tar del av alla de videomeddelanden som hon skickat till honom genom åren, alla hälsningar som förblev obesvarade – den scenen gör något med mig. Den når ner till min absoluta botten, jag känner scenen i hälarna, för den utgör urkänslan av förlust, det är det mörkaste mörka. Att på håll se sin dotter växa upp utan möjlighet att delta, att förstå att allt som äger rum i den där datorskärmen redan har hänt och att det är oåterkalleligt. Det är som att sitta bakåtvänd i livet och bara kunna blicka ut över det som redan inträffat. Tänk att bara ha det perspektivet, att bara vara förmögen att leva i det förflutna.

Göteborg är mitt svarta hål. Tre dygn där motsvarar ett år i mina döttrars liv. Tiden läcker. När jag är i Göteborg, så är jag också på expeditionen. Jag måste fixa några viktiga saker här, men sedan ska jag hem. Jag har lovat Charlie det. Att jag ska komma hem.

Vi kommer fram till Stockholm, spår 17. Jag går av. Taxi från Klarabergsviadukten till Nybrogatan. Det är sent på söndagskvällen. Charlie sover sedan länge. Jag smyger in på hennes rum och lägger mig bredvid henne. Jag vänder och vrider på mig medvetet klumpigt så att hon ska vakna. Och jag tänker att varje gång som jag är så här nära henne, så finns det inget läckage av tid. Jag blir så lugn av att ligga här bredvid henne, och det är just därför: Det läcker ingenting! Jag är äntligen i fas med tiden! Jag är i nuet! Det är bara jag och min tjej. Det är som att det knakar och sprakar, den där stunden, vi är kärnan av allt! Har jag varit mer rofylld i livet än just nu? Jag är inte lycklig, kanske, men jag är lugn och trygg. Jag ligger där och kan känna jorden rotera, jag kan känna jordens fart genom galaxen, och allt utgår härifrån, från den här lilla barnsängen. Vi glöder!

Vi har fyllt taket i Charlies rum med stjärnor som lyser i mörkret. Vi ligger och viskar och pekar på stjärnbilderna. Jag tänker på *Interstellar*. Matthew McConaughey säger något som jag varit övertygad om ända sedan jag blev pappa: "Vi föräldrar är bara till för att skapa minnen för våra barn." Vårt enda syfte från den stund vi blir föräldrar är att skapa goda minnen för barnen. Jag har varit besatt av tanken. Jag ser det numera som ett livsprojekt. Jag är den galne och kanske geniale arkitekten till mina barns barndom. Det här är mitt största projekt någonsin. Jag har grandiosa idéer. Jag vill jobba med mycket ljus, mycket fria ytor. Höga tak. När jag är död så vill jag inte att mina barn bär på ett mörker som skapats av mig. Det är väl som en märklig form av revansch antar jag: Det mina föräldrar misslyckades med, det ska jag klara av. Charlie vill att vi ska prata om saker som finns kvar i huvudet. Det är en lek som går ut på att vi pratar om saker som hänt, som inte försvunnit från hjärnan. Det är väl "minnen" hon syftar på, antar jag, fast Charlie ännu inte kan ordet. Charlie får börja. Hon säger att Gotland finns kvar i huvudet. Den där gången när vi låg i sängen och hade släckt och skulle sova och så gick vi upp fastän det var sent och hoppade på studsmattan ute i trädgården i augustimörkret. Och sedan drack vi Oboy och struntade i att borsta tänderna efteråt. Hon frågar vad som finns kvar i mitt huvud och jag försöker komma på något från min barndom.

"Du äcklar mig."

Det är mamma som säger det till pappa. Jag är sju år, kanske. Det är en hisnande sak att säga, hur kan hon säga så? Jag är barnet som sitter på golvet, jag är lite vid sidan om men jag hör allt och jag ser allt. Jag har lyssnat noga på allt som sagts, tagit del av upptrappningen som nu lett fram till detta.

"Du äcklar mig."

Jag fattar det inte. Det är så farligt. Förstår hon inte vad det här innebär? Känner hon inte det oåterkalleliga i det? Hur ska mamma och pappa kunna älska varandra fortsättningsvis om mamma äcklas av pappa? Det är en märklig känsla i kroppen, för den är så stor: Jag känner fara för min existens.

Det är så mörka saker som kommer fram när mamma och pappa bråkar och bråket blir värre och rösterna högre – de säger plötsligt ofattbara saker, ord som aldrig borde uttalas. Det finns en historia som jag lägger pusslet till genom åren, jag får lite information om den varje gång mamma och pappa bråkar hårt. Något som hände precis när de hade träffats. De sågs i smyg de första veckorna, för pappa var gift och hade fyra barn. Men pappa visste att han var tvungen att lämna. Han var så förälskad. På självaste julafton packade han två resväskor och så stod han där utanför mammas lägenhet och ringde på dörren. Från den dagen bodde de tillsammans. Det är ju en romantisk historia, men i bråken blir historien grumlig. Mamma tar alltid upp den till slut.

Du frågade aldrig om lov.
Du bara stod där.
Du trängde dig på.
Du tvingade dig in.
Jag sa aldrig att du kunde bo hos mig.
Det var inget som vi bestämde – det var du som bestämde.

Jag lyssnar noga varje gång. Försöker förstå. Bilden klarnar för varje bråk. Det står klart att hela mammas och pappas äktenskap vilar på en falsk grund. Att allting startade med ett övergrepp. Pappa som trängde sig på mot mammas vilja. Den där händelsen, den är så viktig för mig av någon anledning. Jag vill veta allt om den, jag måste veta den exakta vidden av den, varenda liten detalj, för den underkänner allt, också min egen existens.

Hela tiden denna oro för mina föräldrar. Jag var rädd för att de inte skulle älska varandra. Och vilken lycka när jag kände att allt var bra mellan dem. Några kvällar på torpet i Värmland, i den låga solen nere vid sjön om kvällarna. De sitter i morgonrockar efter bastun och tar en öl och äter en korvbit. De pratar lågt och ömsint. De är omtänksamma mot varandra – mamma glömmer sina cigaretter uppe vid huset och pappa går genast och hämtar dem. Mamma säger att pappa är fin i lite längre hår, hon tycker att han ska behålla det så där. De tittar ut över sjön som ligger blank. "Herregud, vad vackert", säger mamma och pappa säger: "Det är inte klokt." Mina bröder är borta någonstans och leker, men jag vill vara där i gräset bredvid mina föräldrar, så nära som det bara går, jag vill höra vartenda vackert ord som sägs. Mamma och pappa gör planer med varandra. Jag älskar när de gör planer för det innebär att de ska fortsätta vara tillsammans. De ska måla om torpet nästa sommar. Det där köper tid, familjens existens är säkrad ett år framåt. Jag sitter i gräset och lyssnar, tyst och uppmärksam. Sedan går pappa och lägger sig. Han tar några glas med sig och går upp mot huset. Han vänder sig om efter några steg och säger: "Jag älskar dig." Mamma tittar upp och svarar: "Puss."

Samma isande känsla varje gång.

Pappa älskar mamma.

Mamma älskar inte pappa.

Och dagen efter kunde allt vara annorlunda. Irritation vid frukosten efter att någon av dem haft "en dålig natt". Pappa äter ägg. Han kokar det löst, det rinner ibland äggula i skägget på honom. Pappa ser det inte, men jag märker hur mamma tittar med avsmak på honom när han äter. De byter iskallheter med varandra, som eskalerar. Rösterna höjs, någon börjar skrika. Och så hamnar vi där igen.

Du trängde dig på.

Du frågade aldrig om lov.

Du bara flyttade in.

Det hände väl ännu farligare saker mellan mamma och pappa.

Visst ägde ett slag rum vid något tillfälle? I ett rum som var mig obekant, ett hotellrum, på någon semester? De skrek på varandra. De slet båda i samma dörr, någon ville öppna den, någon annan ville stänga den. Sekunderna växte. Pappa grinade av vrede, visade tänderna. Och slog.

Jag och Charlie ligger i mörkret och tänker på saker som finns kvar i huvudet. Det är som att vi sitter bakåtvända i tåget och tittar på allt som hänt. Jag berättar för Charlie om Café Opera. Jag var barn och vi åkte bil och det var något magiskt med bilen plötsligt, det var något med ratten ropade pappa, för den svängde av sig själv, mot pappas vilja, och vi barn skrek av lycka där bak och plötsligt var vi på Café Opera och fick äta vad vi ville och jag tog banana split.

Charlie förstår, hon ler och tycker att det är en rolig historia. Charlies tur. Hon berättar om när vi var i Skåne och vi åkte ut till den där grusplanen och hon fick sitta i mitt knä och köra bilen själv. Det är något med bilar. Det är som att minnena konserveras bättre där. Det finns saker i bilar jag aldrig glömmer. Vi är i Spanien, på semester. I Puerto Banus. Pappa uttalar s-ljudet i Banus läspande. Vi har ätit middag i hamnen och nu går vi runt och tittar på båtarna. Vi stannar vid en uteservering. Jag får glass och mina föräldrar dricker äggtoddy. De har druckit mycket. Det märks, för de sitter tysta nu. Avslagna av alkoholen. Inåtvända, ihopsjunkna. Vi går mot bilen. Pappa kör. Jag märker att han kör dåligt. Bilen liksom skenar över till den andra sidan. Mötande bilister ger helljus. De tutar och försvinner bakom oss. Vi kör fort, jag sitter på spänn, jag känner i hela kroppen att det här är farligt. Mamma protesterar.

"Kör försiktigt", säger hon.

"Det går bra", mumlar han.

Men det går inte bra. Vi håller på att åka in i en lastbil som står parkerad på sidan av vägen och mamma skriker av skräck och pappa blir arg.

"Tyst! Stör mig inte när jag kör!"

Vi gör som han säger. Jag är rädd och uppmärksam, koncentrerad, noterar farorna noga framför mig, som om det var jag som körde bilen. Vi åker åter ut i den mötande filen, pappa märker det inte ens. Mamma skriker att han ska stanna bilen.

"Nu håller du käften", skriker pappa.

Sekunderna växer där inne i bilen. Mamma säger ingenting mer. Vi sitter alla tre och kör bilen, en av oss är ursinnig och de två andra är skräckslagna.

Jag vet inte hur det går till, men vi klarar oss ända fram till huset som vi hyr. Jag vill bara ut ur bilen, så när pappa stannar till utanför garaget, öppnar jag dörren för att springa ut. Pappa blir vild. Han är rasande på ett nytt sätt, det är en vrede jag inte sett förut. Han vänder sig om och slår till mig med full kraft över ansiktet.

"Öppna inte dörren när jag kör!"

Jag stänger bildörren. Jag gråter tyst i baksätet. Mamma gråter också, tror jag. Vi kör in i garaget. Jag springer in i huset och in i det rum som är mitt sovrum. Jag ligger i sängen. Jag hör pappa i rummet intill. Han är uppriven och ångerfull. Han talar tyst med mamma, men jag hör allt genom de tunna väggarna. Han förstår inte hur han kunde. Han säger att han ska gå in till mig. Han ska prata med mig, han ska säga förlåt. Jag vill inte att han ska komma hit. Jag älskar pappa, jag är rädd för pappa. Han sätter sig på sängkanten, lukt av cigarill och alkohol. Han är rödgråten.

"Förlåt för att jag slog dig", säger han.

"Det gör inget", säger jag.

Han klappar mig försiktigt och lite klumpigt över håret och gråter stilla.

"Allt ska bli bra igen. Nu är det du och jag som åker ner till hamnen och äter glass", säger han.

Skräcken står still.

"Nej, jag vill inte. Jag vill bara sova."

"Dumheter", säger pappa. Han ler mot mig. "Kom nu så åker vi. Bara du och jag. Du får vilken glass du vill."

Pappa tar mig i handen och drar försiktigt upp mig. Jag vill vara till lags. Jag vill att alla ska vara glada. Så jag följer med. Vi går nedför trapporna. I korridoren där nere håller han sig ett par gånger mot väggen när han tar sig fram. Bilen blänker i garaget.

Jag älskar pappa, jag är rädd för pappa.

"Du får sitta fram, för du är min stora pojke", säger han.

Det är sådana saker jag har kvar i huvudet. Och jag ligger bredvid Charlie i mörkret och tittar upp i stjärntaket och jag säger åt henne att ibland finns det kvar tråkiga saker i huvudet också. Charlie säger ingenting och vi ligger tysta.

"Kommer du ihåg när du kastade mig?" säger hon.

"Kastade dig? När har jag kastat dig", frågar jag.

"Du kastade mig i snön."

Jag reser mig till hälften i sängen och tittar på henne. Jag minns händelsen, det var för en månad sedan. Jag halkade i snön när jag bar henne och förlorade henne ur mitt grepp. Det hände precis utanför porten där vi bor, det hade kommit förfärligt med snö på natten och det var som att sätta ner foten på äggvita – benen bara försvann under mig. Jag såg hur Charlie for i en båge från mig och landade med bakhuvudet i trottoaren. Det gick som en klang genom hela kroppen, jag kände direkt: Det här är illa. Jag rusade fram till henne där hon låg i snön. I fallet hade hon bitit sig i läppen och blödde på hakan och det rann nedför halsen. Förbipasserande stannade och tittade.

"Jag kommer ihåg", sa jag till Charlie. "När jag halkade i snön och tappade dig."

"Du kastade mig. Du var jättearg på mig. Och det kom blod från min mun."

Först förvirring. Sedan lägger jag pusslet. Vad hände den där morgonen, precis innan jag ramlade på isen med Charlie? Jag var sen till jobbet, vi hade bråttom. Charlie ritade på väggen med en tuschpenna, minns jag. Jag blev irriterad, för jag fick inte bort färgen. Vi skyndade nedför trapporna, mot porten. Jag tryckte på dörröppningsknappen och Charlie skrek till av besvikelse. Hon vill alltid trycka på knappen och den här gången glömde jag, i brådskan. Charlie började gråta, över att hon inte fick trycka. Klockan var mycket.

"Det här har vi inte tid med, nu får du komma", sa jag. Charlie vägrade. Hon satte sig ner på golvet. Jag blev frustrerad, så jag tog tre snabba steg mot henne och lyfte upp henne. Jag tog ett hårt tag om henne, det var bryskt. Hon blev nog rädd, jag tror hon kände på en gång att jag menade allvar. Och så några snabba steg ut genom porten och så flög vi över isgatan.

Det är då det går upp för mig. Att Charlie hela tiden sett på händelsen annorlunda. Hon tror inte att jag tappade henne. Hon tror att jag kastade henne, att jag ville straffa henne för hennes olydnad genom att slänga i väg henne i en båge över isen.

Vad är det för pappa som gör så?

"Charlie, du måste förstå en sak. Det var inte så att jag kastade dig. Det var inte meningen. Jag halkade på snön. Jag skulle aldrig kasta dig. Det vet du, va?"

Charlie ligger tyst och tittar upp i taket. Hon somnar efter en stund. Jag är den misslyckade arkitekten i barnsängen. Jag ligger bakåtvänd och tittar upp i stjärnhimlen i taket, upp mot allt som redan hänt, planeten färdas snabbt, samtalet med Charlie blir en bild som exploderar och försvinner bakom mig i ljusets hastighet. Det som hände nyss är lika fjärran som det som hände för trettio år sedan. Dået finns i nuet och nuet finns i dået. Det är tidens gåta. Den är en labyrint, som Tranströmer sa. Om man trycker örat mot väggen kan man höra sig själv springa förbi på andra sidan. Det finns ingen kronologi, vi är överallt, hela tiden.

Jag tänker på den där natten i Spanien. Jag har alltid sett det som pappas svek. Men var fanns mamma? Vart tog hon vägen där i natten? Varför lät hon pappa köra i väg med mig igen? Det är först nu, trettio år senare, som jag förstår att det var mammas svek också. Det finns något där som är början på en tanke. Att det inte bara är framtiden som är rörlig. Också det som redan hänt går ju genom ständiga förändringar. Charlie trodde att jag kastade henne. Någon gång kommer hon kanske acceptera att jag tappade henne.

Tratten skördar allt den ser, tröskar sig genom natten. Men det som kommer ut på andra sidan, det förflutna, är inte ett definitivt förflutet. Det där kanske är viktigt. Det är inte bara så att vi kan forma vår framtid. Vi kan forma vårt förflutna.

Sigge
KEDJORNA

Jag vaknar av ett primalskrik. Det är djuriskt. Någonting vill döda mig.

Snart är jag på fötter, springer genom mörkret till min sons rum. Han har haft en mardröm igen, och nu kryper jag ner hos honom.

Det tar flera minuter att lugna honom. Så stor är den skräck han upplever. För det är just *skräck* det är frågan om, eller – för att använda den korrekta termen – "nattskräck". Till skillnad från mardrömmen finns nattskräcken kvar i kroppen länge, och barnet är lika rädd efter uppvaknandet som innan. Det hjälper knappt att man tänder lampan, eftersom det är själva *natten* som är det stora hotet, snarare än mörkret.

Jag är expert på den skräcken. Den löper som en kedja genom hela mitt liv.

Jag är fem år gammal. Mitt i natten vaknar jag, och tror att jag ska drunkna. Mörkret pulserar och lever. Jag är så rädd att jag till varje pris vill ropa på mina föräldrar – men samtidigt så panikslagen att jag inte vågar ropa alls.

Nattskräcken och mörkrädslan blir inte bättre av att bo i

Akalla. Skogarna i och runt förorten kan te sig kompakta och hotfulla efter mörkrets inbrott. Ändå hamnar jag i dem jämt och ständigt. Dessa tysta tall- och granskogar, inklämda mellan radhusen och höghusen, som trots hot om blottare och tonårsgäng alltid frestar med sina genvägar. Om jag korsar dem, på väg hem från centrum eller lekar på skolgården, kan jag tjäna in flera minuter. Men de upptrampade stigarna är svåra att upptäcka efter mörkrets infall, och då är jag tvungen att förlita mig på minnet för att ta mig framåt. Ibland kan det hända att jag plötsligt blir så överväldigad av rädslan att jag stannar upp, mot min vilja, liksom fryser fast, och bara står där handfallen och lyssnar till knak och prassel.

Då har jag ett knep, som fungerar för det mesta. Jag motar bort skräcken med en berättelse. Jag viskar en saga för mig själv, om en pojke i en skog som har begåvats med en övermänsklig kraft: Han kan bli osynlig, om han vill.

Jag minns det nu, när jag ligger och håller om min son och viskande berättar samma saga, känner hur hans kropp långsamt slutar darra.

Det var en gång en pojke som bar på en hemlighet ...

Efter en stund somnar han, men jag ligger kvar på rygg i mörkret och ser upp i taket, på de svepande långa ljusstrimmorna från bilar som passerar utanför.

Tonårens nattskräck var värre än barndomens.

Ännu en länk i den svarta kedjan.

Natt efter natt i pojkrummet, på rygg längst ner i en brunn som var omöjlig att komma upp ur. Nu fungerade inte längre knepet med sagan om pojken som kunde bli osynlig. Det som pågick på övervåningen var för otäckt. Jag trodde inte på sagor längre.

Ibland pressade jag händerna mot öronen det hårdaste jag kunde, men rösterna hördes ändå, de mumlande malande rösterna från två människor som slogs för sina liv.

Och ibland öppnades dörren och min pappa stod där, hans silhuett svart och väldig. "Sover du?" viskade han, och jag ljög: "Nästan." Då stängde han försiktigt dörren bakom sig och satte sig på min sängkant, och sedan började berättelsen igen. Varje natt, timslånga monologer av en man som befann sig i fritt fall, som använde sin fjortonårige son som öra, när han nu rannsakade sitt liv. Jag låg tyst, med täcket uppdraget till ögonen, som för att skydda mig mot floden av bekännelser. Min mamma var mer återhållsam de nätter hon kom ner till mitt rum. Hon framstod som starkare, satt rakryggad och berättade leende om mannen hon hade träffat – och jag uppfattade henne som osårbar, onåbar. Hon satt på min sängkant, men hade mentalt lämnat lägenheten, förälskad i en arbetskamrat. Han var "mjukare" än min pappa, berättade hon. Han *lyssnade* på henne och *såg* henne. Han kunde baka blåbärskaka tydligen, och gillade jazz.

De satt på min sängkant och pratade till mig, men trots att jag bara var fjorton kände jag starkt att det egentligen var till sig själva de talade. De befann sig båda i en brytpunkt i sina liv, och behövde sätta ord på krisen.

Sedan lämnade de mig ensam i mörkret och där låg jag kvar, sömnlös, omsluten av skräcken inför det som var på väg att hända, och betraktade ljusspelet i taket från bilarna utanför.

Nu ligger jag på rygg igen, många år senare.

Vanligtvis brukar jag kunna somna om tillsammans med min son, men just denna natt går det inte. Kanske är det minnena som väcks, kanske är det arbetsdagens stress som fortfarande sitter kvar i kroppen. Det har varit en tuff höst med pendlandet till Göteborg, där jag och Alex stått på scen varenda helg i två månader. Dessutom har barnen varit sjuka i omgångar, och nu – när jag ligger där intill min slumrande son – kan jag höra en inre röst förbanna livet, det orättvisa livet, som till råga på allt skänkt mig en son med nattskräck. Att tvingas ligga i en barnsäng i en obekväm kroppsställning är i sig frustrerande, men att dessutom vara berövad möjligheten att beklaga sig över det för någon, gör att frustrationen växer.

Det finns ingen klagomur att ringa, ingen överhet att förbanna, ingen chef att knyta näven mot när det gäller klagomål över att vara förälder. Det är inte heller lönt att kritisera min fru, för vi har skapat ett schema och i natt är det min tur att ta hand om nattskräcken. Detta – att vara utsatt för något plågsamt utan möjlighet att skylla det på någon – är kanske det enskilt värsta med att ha barn. Vi lider men erbjuds ingen möjlighet att *lyfta på locket*.

Dessutom har en annan känsla börjat gro i mig senaste halvåret. En tanke som gnagt i mig under hösten: Jag saknar en vuxen närvaro i mitt liv, en vuxen famn att gråta ut i. I takt med att pressen från barn och jobb ökat har det känts som ett allt större problem. Hur jag än anstränger mig kan jag inte betrakta någon i min närhet som *vuxen*. Tvärtom: Ju närmare de är mig, desto mer ser jag deras bräcklighet, deras förvirring, och jag kan omöjligt betrakta dem som beskyddare.

På en middag för en tid sedan såg jag en liten flicka på andra sidan rummet. Hon satt vid ett av de andra borden, och till min förvåning drack hon vin och hade på sig vuxenklänning.

Ännu märkligare: Denna flicka var min fru.

För så är det ju. De vi lär känna, de vi kommer nära, förr eller senare ser vi deras litenhet.

Så är det även med vänner. När jag ser Alex i *Nyhetsmorgon* ser jag en fjortonåring som låtsas vara vuxen. Men vem är vuxen – i ordets rätta bemärkelse? När man har barn själv ser man *allas* litenhet. Annie Lööf – en liten tjej i vuxenkläder. Leif GW Persson – en pojkspoling. Varenda människa på teve, varenda människa man möter. Alla har en gång varit fjorton år, och den fjortonåringen bor fortfarande i dem.

Det positiva med insikten är kanske att jag ser mer försonande på omvärlden – folk är bara barn, jag kan inte kräva för mycket av dem – det negativa är att jag känner mig ensam ibland. Eller övergiven. För det finns ingen vuxen som kan hjälpa mig.

Det blir allt tydligare med åren. Jag bär på en sorg som jag behöver hjälp att bli av med. Den finns där, den ger sig till känna med jämna mellanrum. Och jag hatar den, jag hatar att den fortfarande bor i mig, efter alla år, och jag drömmer om att någon som är starkare än jag ska hjälpa mig att ta tag i den. Jag klarar det inte själv eftersom sorgen är dold under så många års erfarenheter; den är som en kroppsdel.

Kanske var det podcasten som uppmärksammade mig på det, ordentligt, eftersom jag tack vare den fick höra mig själv utifrån för första gången. Jag hörde redan i första avsnittet att jag försvarade någonting. På ytan var det subtilt, jag lade ut orden om någon åsikt, motiverade en ståndpunkt. Efter några avsnitt blev det hela mer oroväckande, för jag hörde att tonen i min röst så ofta var defensiv, även när vi diskuterade småsaker. Så jag började vara uppmärksam på hur jag lät också i vardagen. Inte så mycket på vad jag faktiskt sa, utan på satsmelodin. Jag hörde att jag ofta högg, eller slog ifrån mig, så fort någon riktade minsta kritik mot mig, som om det triggade en försvarsmekanism.

Och ju mer jag tänkte i de här banorna, desto svårare blev det att skriva. Jag greps allt oftare av tvångstankar om att allt jag skrev, allt jag sa, allt jag tänkte, var förenklingar – formulerade för att skydda mig.

Tankarna var inte nya, men nu var de mer högljudda än någonsin.

Oron har kommit och gått, i hela mitt vuxna liv, över att ingenting jag säger eller skriver är på riktigt. Jag har många gånger tänkt att jag kanske helt enkelt saknar förmågan, som någon sorts störning alltså.

Ibland har jag tänkt att också detta går att härröra från skilsmässan.

En av de stora besvikelserna de där nätterna handlade ju om

att jag som barn varit så förälskad i min pappas sätt att hantera språket, och att jag nu upplevde att han bara bluffat, att hans ord inte var förankrade i känsla. En talskrivare och pedagog som alltid haft svar på tal – nu satt han gråtande på min sängkant och famlade i mörkret efter en förklaring.

Han, som alltid kunnat stöpa verkligheten i en berättelse, hade för första gången ingen berättelse till hjälp. Min mamma ägde berättelsen nu, nyförälskad och pånyttfödd.

Där hände något. Jag låg i sängen och såg på honom medan han höll sin monolog, betraktade hans profil i mörkret. Det var en ny röst, den var svagare och otydligare. Och en isande insikt började ta form i mig. Att alla berättelser dittills bara varit just *berättelser*. Nu, när han tappat förmågan att berätta, avslöjades han för vad han egentligen var och jag började betrakta hans tidigare berättande som effektsökeri. Den stora uppgörelse med hans person som sedan följde kom att göra mig misstänksam också mot mig själv, för vad av hans bluffmakeri hade jag ärvt?

Min son rycker till i sömnen. Kanske är han på väg in i en mardröm igen. Han öppnar ögonen helt kort och ser mig, lägger sin arm över mig, och somnar därefter om.

Det är rörande att känna hans tunna arm på mitt bröst. Jag hör honom andas, känner hur hans hand griper efter min i sömnen. Jag tar hans hand och känner hur han blir lugn igen.

Det är detta jag eftersökt. Det som min son upplever just nu, det skulle jag vilja uppleva. Att vara skyddad av någon annan. Och jag ser på hans sovande ansikte och tänker att just nu är jag vuxen, för honom. Det gör mig märkligt trygg.

Jag minns en annan natt – också under skilsmässan – då jag vaknade av att min bror kröp ner under mitt täcke, hur han försiktigt lade sig intill mina fötter för att inte väcka mig. Han tryckte sig mot mina ben och jag kunde känna att han var kall och våt. Jag förstod att han kissat i sängen och att han nu sökte tröst hos mig. Då kände jag mig vuxen, för han behövde mig.

På övervåningen pågick uppgörelsen mellan våra föräldrar, och jag visste att jag inte kunde räkna med dem, de var fullt upptagna med att reda ut om de skulle skiljas eller inte. Deras samtal tycktes likna en rättegång, där de noggrant synade alla argument för och emot skilsmässa. I en sådan rättegång fanns inte utrymme för mig.

Men nu erbjöds jag en möjlighet att utgöra en trygghet för min bror, och det påverkade mig. Att vara någon annans trygghet kunde alltså också göra mig själv trygg.

Just nu, många år senare, när jag ligger intill min son, händer någonting liknande. Det finns en vuxen här, trots allt. Inte för mig, men för honom. Och det räcker ganska långt.

Så händer det igen alltså, att det förflutna sträcker sig genom decennierna och vidrör nuet. Det som vi tror är enskilda händelser, visar sig vara en länk i en händelsekedja.

Jag hör morgonens första fåglar skrika till utanför, de som vanligtvis brukar få mig att rysa av obehag eftersom de antyder att natten snart är slut, och att vardagen snart är här. Men nu stör de mig inte, för jag tänker på kedjorna.

Det känns märkligt tröstande att tänka att det finns något som binder erfarenheterna till varandra. Sjuåringen som stod i skogen, förlamad av mörkrädsla, fjortonåringen i pojkrummet som låg och lystrade till rösterna från övervåningen, trettionioåringen som håller om sin son en novembernatt – de är sammanlänkade.

Händelser, som i stunden känns outhärdliga, kan alltså omvärderas längre fram, när de tillsammans med andra minnen bildar en berättelse.

Min första tungkyss skedde när jag var tio. Emilia överrumplade mig. Hon och jag hade gått ner bakom gympasalen för att hon skulle visa mig något. Vi stod i det höga torra gräset. Så lade hon sin hand på min ena axel och tryckte ner mig, så att jag hamnade på rygg. Sedan satte hon sig gränsle över mig och jag kände värmen från hennes skrev. Och så lutade hon sig fram och förde in tungan. Den var varm och våt och smakade av jordgubbstuggummi. Marken rörde på sig under mig.

Snart visade det sig att för Emilia var det där bara en slentriankyss. För mig var det en besatthet, vi hade ju delat något. Det var en dörr som öppnat sig. Hennes dörr var däremot vidöppen sedan länge. Hon hade redan gått vidare.

I två år försökte jag sedan få henne att se mig, men förgäves. Jag ropade hennes namn över torget, men hon vände sig inte om.

Det där ropet ekade genom årtiondena, obesvarat. Först femton år senare – när vi var tjugofem – hade vi klassåterträff. Och då drogs vi till varandra. I slutet av kvällen kysstes vi igen, vid en bardisk, mitt i folkmängden. Då hade jag i femton år tänkt tillbaka på misslyckandet. Att hon valde bort mig. Det hade satt spår.

En halv upplevelse – att bli kysst men sedan bli bortvald – blev hel på klassåterträffen. Och jag kunde gå vidare utan något behov av att kyssa henne igen, eller ens träffa henne igen.

Händelsekedjan – som inleddes femton år tidigare – hade avslutats.

Vi tänker inte så medan livet pågår, att *detta kanske bara är en länk i en kedja*. Men händelser med många år mellan sig kan alltså sträcka sig genom tiden och grabba tag i varandra och bli en historia.

Jag ser min son sova i halvmörkret. Betraktar hans helt och hållet öppna ansikte.

Försiktigt flyttar jag mig nära honom, så att mitt bröst är tryckt mot hans rygg, för att kunna andas i takt med honom. Hans rygg häver sig och sjunker, som vågor som rullar in över en strand, oupphörligt och upprepande, och jag följer rörelsen, och mina tankar skingras, sakta men säkert. Jag sluter ögonen och låter sömnens dimma rulla in. Än en gång har mörkret övervunnits, i alla fall för stunden.

KAPITEL 2

GENERATIONS-VÄXLING

•

*Där Sigge funderar på om han är en bra förälder
– och avlider för sjätte gången i livet*

*Där Alex lär sitt barn att cykla och där Alex
pappa lär honom att cykla – samtidigt*

Sigge

IMPROVISERAT FÖRÄLDRASKAP

Där är den igen, semesterångesten i paradismiljön.
Jag sitter i strandrestaurangens vimmel och lystrar. Bortom bestickklirret och tallriksslamret hörs hotellorkesterns tolkning av "La Bamba". Barnen springer runt mellan restaurangborden. Jag är bränd i hyn efter en heldag vid poolen. Sippar på något starkt. Ser ut över bukten.

Vi har lämnat hösten i Sverige. Det var ett spontant beslut, en plötslig insikt. Jag satt och åt frukost en morgon och såg på de andra typerna runt bordet och insåg att det här är en svag grupp, riktigt skör, som kommer att gå sönder om vi inte gör något radikalt, så vi drog mot värmen.

Nu ser jag mig omkring, ser de rödbrända svenskarna – inneslutna i sig själva. Den mjuka vinden från Röda havet drar in över uteserveringen. Jag ser paren och tänker att jag skulle kunna betala en stor summa pengar för att få höra vad de tänker när sångaren nu drar igång "Oye Como Va". Jag betraktar familjerna som sitter tysta mitt emot varandra och först skräms jag av dem, men sedan inser jag att vi antagligen ser likadana ut utifrån, vi också. Samma parasolldrinkar, samma ofrivilliga rörelser till musiken, samma trötta uppsyn.

Är det livet de tänker på? Livet hemma i Sverige. Vad är det som blänker i deras ögon? Är det en sorg över att detta är allt det blev? Den här resan som de sett fram emot så länge. Eller är det tvärtom: De känner sorg över att de tänker att livet där hemma inte är särskilt kul att komma tillbaka till?

Jag beställer ytterligare en parasolldrink för att slippa tänka, och riktar hela min uppmärksamhet mot sångaren.

Nästa morgon vid poolen. Solen gassar, barnen badar, jag sitter ensam och ostörd i solstolen. Betraktar barnens lekar.

Jag borde vara lycklig. Vädret, ledigheten, stillheten. En vacker fru där borta på solstolen, friska barn som simmar runt i vattnet. Ändå finns oron där hela tiden, över att jag sjunker igen.

I semestertystnaden uppstår en möjlighet att se tillbaka på de senaste månaderna. Solens kompromisslösa vithet genomlyser vardagen där hemma.

Det går inte längre att förneka. Jag känner igen signalerna.

Det började någon gång under hösten. Det gamla vaknade till liv igen, där nere, och nu sjunker jag mot det.

Som vanligt iklär sig ångesten nya skepnader. Denna gång är det min insats som förälder som spökar.

Den hårda morgonen på hotellrummet ekar kvar. Det dåliga samvetets urholkande kraft efter en gryning med hårda ord. Inte bara för att jag höjde rösten, utan för att jag över huvud taget, det senaste halvåret, inte varit en särskilt bra förälder.

Jag vet att detta att vara förälder per definition är ett enda stort misslyckande, för de flesta, hur man än anstränger sig, men det är ändå frustrerande att ständigt påminnas om att jag inte är så bra som jag skulle vilja vara. Små fiaskon, dagligen, som drar ner byxorna på den unge man som gick sida vid sida med sin gravida flickvän för elva år sedan och påstod att de två minsann inte skulle göra om misstagen som föräldragenerationen gjorde.

Min pappas känslighet för ljud gjorde att jag växte upp med nerverna på utsidan. Råkade jag tappa en bok i golvet så att den small till i parketten, skrek han i falsett, rakt ut. Och om jag ställde ner tallrikarna på bordet för häftigt, att de klirrade till, så ryckte han till och skällde på mig för att jag var oförsiktig.

Jag hatade denna laddning i rummen, var alltid orolig över att han skulle tända till, och gick på tå där hemma.

Ändå märker jag att jag ärvt just hans dramatiska reaktioner. Skriker också till av häftiga ljud, och först några sekunder senare slår det mig att jag antagligen skrämmer mina barn, såsom han skrämde mig.

En annan sak som jag upprepar är hans gränslöshet runt mig och min bror. Jag tar, liksom han, inte riktigt hänsyn till om barnen lyssnar. Ändå är det färskt i minnet, hur mycket jag ogillade att han inte censurerade sig runt oss, och hur obekväm det gjorde mig. Han drog ofta grova skämt och kom med sexuella anspelningar. Ändå kommer jag på mig själv med att prata med Malin och med vänner om folks skilsmässor och relationer, fast barnen hör på. Jag försvarar mig med att jag vägrar förställa mig, men jag vet ju innerst inne att det är lathet.

Det visar sig också att jag ärvt det ständiga berättandet – vilket jag aldrig trodde skulle ske. Om det var någonting jag och min bror drev med under tonåren, bakom hans rygg, så var det hans överdrifter och anekdoter. Att han jämt talade i superlativ.

Ändå sitter jag på ljugarbänken var och varannan dag, med mina barn, och förenklar och dramatiserar, för att de ska tycka att det jag berättar är spännande.

Det kanske är så enkelt att jag fortfarande inte är ... *förälder.* Jag har barn men jag kan inte, vet inte hur man gör, se en förälder i det där ansiktet i spegeln. Mannen i spegeln är bevisligen en person som har barn och som försöker göra sitt jobb; ställer fram mat på bordet och ger så mycket kärlek till sina barn som han förmår. Men någonting inom honom vägrar öppna den sista dörren och erkänna att han är förälder.

Kanske pågår mitt föräldrauppror fortfarande, trots allt. Att jag också i föräldrarollen försöker distansera mig från mina egna föräldrar. Det är länge sedan nu, men det känns som i går, då jag gjorde revolt och skrev listor över alla de brott som jag tyckte att de hade begått. Det kanske var då som hela termen "förälder" blev infekterad.

Kanske är det först nu jag kan börja närma mig ordet.

När jag fick mitt första barn var varenda bebisrelaterad plats surrealistisk, och jag såg hela tiden mig själv utifrån. En utomkroppslig upplevelse redan vid det första ultraljudet. Den fortsatte in i pappagruppen, där tolv blivande pappor skulle utbyta tankar. Likaså vid de första föräldramötena. Jag hade tillbringat hela mitt liv med att betrakta vuxna som "det andra laget", och nu förväntades jag över en natt spela med i detta främmande lag. Därför svindlade det till i de där miljöerna; att sitta på en alltför liten stol vid mitt barns bänk på ett kvartssamtal innebar att jag tvingades nypa mig själv i armen för att påminna mig om att kvartssamtalet gällde mitt barn och inte mig själv. Det kändes så nyligen som jag själv satt där, åtta år gammal, mellan läraren och föräldrarna.

Jag vägrade bejaka att jag var förälder. Framför allt så vägrade jag bromsas. Och stolt utropade jag länge att jag hade lyckats med just detta. Jag sa det upprepade gånger till Malin. Att till skillnad från *de andra* så hade vi minsann inte förändrats av att få barn. De andra hade stelnat och blivit så trista, men vi hade lyckats undvika det. I tron att vi hade genomfört något unikt orerade jag om att det vi förlorat i arbetstimmar har vi tagit igen i en ökad effektivitet.

Men den senaste tiden har något avgörande skett. Det var en långsam utveckling, lika omärklig som barnens osynliga växt på längden. Barnen blev stegvis starkare än jag själv, och sakta men säkert blev jag alltmer maktlös.

Och jag slutade streta emot. Det var ju en kamp de första tio åren, att till varje pris försöka leva som jag gjorde utan barn, fast jag hade barn.

När den kampen upphörde så hände något.

Jag sitter i solen och ser barnen leka och tänker att det kanske är på väg att hända nu.

Det brukar ju fungera så, att man ömsar skinn ungefär vart sjunde år. En fyrtioåring har dött fem, sex gånger, psykologiskt. I så motto är livet inte någon linjär utveckling. Man når en punkt där ett sätt att leva inte längre fungerar och då rämnar till slut fasaden.

Det var så det kändes när jag träffade Malin. För första gången sedan jag förlorade mina föräldrar i skilsmässan upplevde jag att jag smälte ihop med en annan person. Vissa nätter när vi kysste varandra visste jag inte vems tunga som var vems, vi låg omslingrade och avslöjade alla hemligheter, alla sorger. Det fanns inga gränser mellan oss och därför inte mot omvärlden heller.

Nu ser jag hur vår äldste son börjar närma sig sin första psykologiska död och pånyttfödelse. Det är oundvikligt. Hur skulle det gå att förhindra? Det sker för de flesta i hans ålder.

Jag slogs av det en höstkväll när min gamla mormor var på besök hos oss och jag efter middagen visade en av mina och Alex sketcher på Youtube. Mormor skrattade inte, satt bara orörlig och betraktade. Min son studerade hennes ansikte, och jag såg hur nervös han blev av att hon inte skrattade.

När hon hade gått frågade han: "Men sketchen *är* väl rolig?"

I hans röst fanns en rädsla. Jag kunde inte låta bli att tolka frågan som: "Du är väl den jag tror?" Eller: "Har jag övervärderat dig för att jag är barn? Kanske är du inte så kul i vuxnas ögon."

Han närmar sig en ålder där han står inför ett val. Han har fram till nu inte bara betraktat sina föräldrar som omänskligt starka, utan också förnekat alla tecken på att vi inte skulle vara det. Nu tvingas han välja: Ska han fortsätta förneka ett tag till, eller börja bejaka våra svagheter? Det är bara en tidsfråga tills jag blir en "vanlig person" i hans ögon, och då finns risken att han upplever att jag har lurats.

Kanske läser jag in för mycket av min egen historia i hans. Så kände jag ju med mina föräldrar. I mitt fall blev det kanske extra tydligt eftersom de skilde sig under dramatiska omständigheter, och därmed *avslöjades*. Det gick över en natt, mer eller mindre, och sedan tänkte jag: *Vilka är de här människorna?* Plötsligt var jag som på zoo och studerade två främmande arter i bur. Jag stod i det nedsläckta köket och såg min mamma genom fönstret där hon satt ute på balkongen om kvällarna och kedjerökte, med blicken fäst i horisonten. Och jag minns att jag tänkte att hon hade träffat en annan man, långt innan hon faktiskt berättade det.

Först nu börjar vår son avläsa oss, se vilka vi egentligen är, och då tvingas jag börja betrakta mig själv som förälder. Jag har ett ansvar mot honom att inte göra om mina föräldrars misstag. Han ska inte behöva känna sig otrygg.

Jag reser mig upp. Jag vill känna min kropp fungera, mina muskler användas.

De senaste månaderna har varit jobbiga. Så här på resa vågar jag erkänna det för mig själv: Jag sjunker igen. Det sker med jämna mellanrum och jag måste stålsätta mig nu. Och vara ärlig mot mig själv, för att ta mig igenom detta. En del av det är att säga orden: Jag är *förälder* – till tre barn.

Mellan hotellet och omklädningsrumsbyggnaden skymtar jag det klarblå havet och palmerna som rör sig i tystnad. Jag reser mig upp och ropar till familjen att de ska följa med mig.

Två minuter senare – då jag äntligen kommit överens med stoluthyraren och släpat ner en solstol till vattnet och fått upp den otympliga parasollen över mig – känns saker och ting bättre. Det var det här jag behövde. Här fläktar det och allting blir lättare och luftigare. "Insikterna" vid poolen är just bara "insikter" och alltså utbytbara – de kommer att omformas och omprövas. Här vid havet, däremot, skalas saker av till känsla.

Att kalla sig själv förälder eller inte? Vid havet är det där mest semantik. Nere vid havet tufsas håret till av havsvindarna. Nere vid havet sträcker man ut sig och vinkar till barnen och känner att man har gjort så gott man har kunnat här i livet. Man är väl inte sämre än någon annan.

Barnen kastar sig huvudstupa in i vågväggen. I någon sekund ser jag deras kroppar som gröna skuggor inuti vågen, innan den bryts i skum och allt blir vitt. Strax därpå ploppar de upp med väldig hastighet, som badbollar som tvingats ner till botten och sedan släppts fria. Då blir jag glad att de vänder sig mot mig och vinkar.

"Såg du vågen?"

Deras röster låter ovanligt pipiga i vinden.

"Såg du *oss*?"

Jag tänker att deras stämband måste vara så små.

"Ja!" ropar jag till svar.

Jag tänker att deras njurar och lungor är som docknjurar och docklungor. Jag tänker att deras organ måste vara så rena också. Jag föreställer mig att mina egna är sträva och flammiga av all smuts som passerat genom systemet, medan deras är enfärgade och blanka.

I takt med att molnen förändras så förändras havet, och går från klarblått till blågrönt och sedan till klarblått igen. Stora vilda vågor som stiger och bryts. En svalare bris, jämfört med det stekheta vindstilla poolområdet.

Jag drar solstolen ännu närmare vattenbrynet så att jag kan känna vågorna forsa över fötterna. Och i ett ögonblick är det som att havsvinden blåser rakt igenom mig. Jag är så tömd på oro att jag inte känner min kropp. Det är som att hela årets kamp är riktad mot denna stund. Nu är jag här – ser barnen bada – och riktar blicken mot havets rytm, tar in den hypnotiska effekten av vågorna. Vågornas rytm. Den ofattbara kombinationen av kontinuitet och kaos. De bryts med en regelbundenhet, samtidigt som de rymmer en myriad av strömmar och en sinnessjuk oregelbundenhet – om man tittar nära.

Kaosteorin in action. Levande och oförklarlig. Som eld, som moln, som föräldraskapet.

Kanske är det havets enormhet som gör det lugnande. Både den geografiska, alltså, och den tidsmässiga, de miljarder år som det funnits. Jag blir lugn inför storheten. Det finns ingenting i vägen. Barnen leker femtio meter bort och behöver inte hjälp. Havet gör mig lugn nog att ta mig an de stora frågorna. Plötsligt sitter jag där avskalad, öga mot öga med havet – och mig själv.

Förälder eller inte? Jag tar mitt ansvar, väl? Det *känns* så.

Solen börjar gå ner, och det gör havet ännu mildare. Färgerna mattas av, vinden mojnar, vågorna lugnar ner sig.

Jag ser barnen en bit bort. Jag inser hur ovanligt det är för mig att betrakta alla tre utifrån – samtidigt. Hemma i lägenheten är de alltid i olika rum, upptagna av olika typer av lekar, rusar genom rummen och kan omöjligt "ramas in" på detta sätt. Och jag tänker, med blicken fäst på dem: Om jag nu är på väg att bli förälder, på riktigt ... Är jag en *bra* förälder?

Nu ställer jag frågan på ett nytt sätt.

Nu tänker jag: Kanske är jag en bra pappa till *en* av dem? Eller till *två*? För vad är det egentligen som säger att man skulle passa lika bra som förälder till alla tre? När vi funderar på vår insats som förälder utgår vi från att alla barn har samma behov, fast barn är så olika. Jag levererar samma pappa till alla tre, fast jag kanske egentligen borde anpassa mig.

Jag ser min dotter gräva i sanden. Jag ser mina söner bada i vågorna. Jag ser på havet och tänker på Nerudas dikt om havet. Det finns en passage där, som jag inte minns ordagrant, men som är lika repetitiv som vågorna. Nu mumlar jag den, som jag minns den, en rad per våg.

Havet säger ja.
Havet säger nej.
Havet säger ja.
Havet säger nej.

Jag känner sorgen över föräldraskapet välla över mig, känner lyckan över föräldraskapet välla över mig.

Sorgen över att allt inte blev som jag trodde. Alla misslyckanden. Alla gånger då jag brustit. Lyckan över att de ändå verkar må ganska bra.

Ibland tänker jag på mig själv som en damm som ska hålla tillbaka all gammal sorg jag bär på, för att skydda dem. Det är ett krävande uppdrag, för i dammens djup finns också mina föräldrars sorger och hela min släkts och allt vi genomlidit tillsammans. Jag är dammväggen som stoppar det mörka från att skölja över mina barn.

Därför måste jag vara stark. Därför oroar jag mig över att det har blivit allt svårare att hålla dammen intakt. Det gamla sipprar igenom och det skrämmer mig ibland.

Jag ser molnen öppna sig. Hela världen skiftar färg igen, och just då kommer min äldste son emot mig. Kanske är han till slut trött på ljuset, för han kisar bekymrat, som om han har ont i huvudet, och han sätter sig på solstolens kant, framför mig. Jag ser att han har blivit röd på ryggen, och jag säger att jag ska smörja in honom. Jag tar den kalla vita krämen i handflatan och lägger mina händer på hans rygg. Mina händer ter sig väldigt stora när de masserar honom.

Jag smörjer in honom och känner hans hud under handflatan. Hans organ under huden som pulserar. Påminns om den kroppsliga närheten, den som vi tidigare *levde* i, dagligen. När han var bebis och jag kunde vakna mitt i natten och lyfta över honom till min säng och lägga den varma sovande kroppen på magen.

Medan jag smörjer honom blickar han ut mot havet, och jag undrar vad han ser när han ser på havet.

Havet säger ja.
Havet säger nej.
Havet säger ja.
Havet säger nej.

Och jag njuter av att se hur hans rödbrända nacke täcks av den skyddande solkrämen. Den feta krämen mot hans lena hud är så mjuk och följsam. För varje cirkelrörelse jag gör med handen blir jag lugnare och lugnare. När jag är klar sitter vi där båda två tysta en lång stund. Jag vill säga något, men jag hittar inga ord. När tystnaden bryts är det han som talar.

"Det här är min bästa semester någonsin."

Hans röst låter vuxnare än jag någonsin hört den.

Så jag ljuger och säger: "Jag missade en bit."

Sedan klämmer jag ut en klick till av den svala vita krämen i min handflata och lägger mina händer på hans varma axlar igen.

Varsamt smörjer jag hans rygg och skulderblad. Jag vill fortsätta så länge det bara går – och vidrör honom därför så försiktigt jag kan, så att han knappt ska märka det.

Alex

TIDENS EKO

Studentmottagning i villaförorten, det är som att tiden stått still när det gäller den här typen av arrangemang. Det är bål i glasbalja i hallen, potatissallad och lax och smörgåstårta, män med färgglada slipsar längs väggarna och i sofforna sitter tanter och farbröder med gulnade studentmössor och tar igen sig. Och där står vi och tittar på varandra med våra plastglas i handen. Hela släkten är där, utom studenten själv som fastnat på studentflaket – pappan går med jämna mellanrum undan för att ringa honom, oroat undrar han när sonen kommer: "Alla väntar på dig."

Det är något speciellt med att komma hem till en familj, där andra familjer plötsligt trängs med varandra. Plötsligt ser man överallt små scener ur äktenskap, scener ur familjeliv. Lätt dysfunktionella beteenden som blivit normaliserade genom åren.

En kvinna spiller vin på pappduken och det rinner ner på mattan under bordet. Värdinnan har sett saken från håll och rör sig i hög fart mot köket. "Jag kan göra det", säger kvinnan och sträcker ut en hand mot hushållspappret. "Nej, nej, det är ingen fara", säger värdinnan och ler, men när man ser henne på alla fyra, skrubba så att hela hennes kropp skakar, så förstår man: Jo, det är visst fara. Den där mattan betyder mycket för henne.

En flicka dricker saft med sugrör. Hon blåser luft ner i saften så att det bubblar i glaset. Pappan säger åt henne att sluta och hon slutar en stund, men fortsätter snart och plötsligt sliter pappan sugröret ur hennes mun och försöker slita sönder det. Det misslyckas, sugröret böjer sig bara, trots att pappan använder mycket kraft. Han lägger sugröret häftigt åt sidan. "Du måste lyssna på vad jag säger!" säger han.

En diskussion runt bordet, föräldrar pratar om förskolor. En man vädrar en åsikt. Hans fru inflikar något. Mannen låtsas inte höra vad hon säger. Det är klart att han hör henne, hon sitter ju precis bredvid, men han låtsas som ingenting och fortsätter prata. Samtalet fortsätter. Kvinnan tittar ner i bordet.

En mamma ropar på sin tonårige son att komma. Hon väter sitt pekfinger med tungan och börjar gnugga bort en chokladfläck vid hans mungipa. Sonen slår äcklad ifrån sig mammans hand och försvinner i vrede.

En man i övre medelåldern sträcker sig efter vinflaskan för att fylla på sitt glas. Hans fru som sitter bredvid är i samtal med någon annan, men hon har radar för det där. I samtalet vänder hon blicken och övervakar sin man, ser hur han fyller på sitt glas. Hon säger ingenting, hon fortsätter samtalet, men hon har sett allt.

En man står på gräsmattan och berättar något för ett ungt par, och han pratar och pratar, men tittar konsekvent endast mannen i ögonen.

En man och en kvinna, tydligen gifta, har av platsbrist vid långbordet satt sig vid ett eget litet bord i trädgården. Där sitter de med potatissallad och rostbiff. De pratar inte med varandra, de bara tittar ner i maten. De sitter så länge, stumt tuggande. Vad är det som blänker i deras ögon? Är det livet de tänker på? Är det en sorg över att allt blev som det blev?

Studenten kommer till slut, lite ostadig, det glittrar i hans ögon. Folk ropar "bravo" och några applåderar, alla reser sig utom gamlingarna, som är ursäktade. Sonen är blöt på hela kroppen från ölen på studentflaket, mamman skrattar och gör teatrala gester där hon försöker vifta undan öllukten. Pappan försöker ledigt hälla upp vin till sin son. Men det är ovant och avigt, för det är ju detta han kämpat mot under alla år. Han kommer med vinet, ett glas till sonen och ett till sig själv. "Jaha, hörrni", säger han till församlingen. Han försöker klirra i glaset med plastkniv mot plastglas och flinar lite och får vänliga skratt av sin publik för lustigheten. Han håller talet till sin son, men han vänder sig mot åhörarna. Inte en gång tittar han honom i ögonen. Sonen ler men är plötsligt tyngd, inte bara av blomstret runt halsen. Pappan säger att han är stolt, men han säger inte att han älskar honom. När talet är klart lägger han ifrån sig glaset för att krama sin son, men det blir ingen riktig kram, mer att de lägger varandras hakor på varandras axlar. Och pappan dunkar sin son tre gånger på ryggen. "Skål!"

Det finns glädje och kärlek här, men under den finns något annat. Beteenden som nedärvts genom decennier. Små små tecken på att saker och ting inte riktigt står rätt till. Någon irriterad blick. Någon kroppshållning. Tystnader. Beteenden som någon gång började, och som sedan fortsatte. Sakerna som omärkligt händer med människor som lever tätt intill varandra. Genetiskt sammanbundna, socialt sammanbundna, geografiskt sammanbundna. Det är så många år av gnagande, skavande. Att se detta är att se de sociala arvens band på nära håll. Att utifrån se rakt in i familjemörkret! Och här finns inga skurkar. Det är klart att folk beter sig illa, men det är inte deras fel. Alla är offer, för de här beteendena är inte sprungna ur rationella beslut. Det är genetik. Man kan se de tusentals banden hundratals år tillbaka. De finns överallt. Det är kaosteorin in action. Strängarna uppåt, som marionettdockor; det är ett gäng i himlen som håller i trådarna. Pappan på studenten som inte kan krama sin son har haft en pappa som inte kunnat krama sin. Och han hade en pappa som inte kunde krama sin. Och världarna rullar och vi kan inte göra någonting för att stoppa det. Sigge skrev listor över alla de fel hans föräldrar begått och lovade att aldrig upprepa dem. Som om han hade det valet! Han kan skriva sina listor, men han bestämmer ingenting. Han gör som hans arv säger åt honom, varken mer eller mindre. Våra familjers dysfunktionalitet är något man får vid födseln och sedan ser man efter den till nästa generation. Det är en sjukdom, vi blir smittade omedelbart och bär på sjukdomen tills vi dör. Det går inte att bli frisk.

Det är så mycket ekon från barndomen överallt.

När jag var barn var den största skräcken att väcka mamma när hon och pappa sov på lördagseftermiddagarna. Vi visste att det stod mycket på spel. Om vi lekte för högljutt eller började bråka eller busa på sådant sätt att mamma vaknade så var hela myskvällen i fara. Jag kan fortfarande i dag återkalla ljuden. Vi lekte och tappade något i golvet på övervåningen, precis över mammas sovrum. Och vi stod tysta och rädda och lyssnade. Och så ljuden av mammas fötter som slår i golvet vid sängkanten. Några snabba steg mot dörren som flyger upp och mamma skriker: "Kan det inte en enda gång vara tyst i det här huset?" Det här var början på en dominoeffekt av faror, för mammas oväsen gjorde att pappa vaknade.

Han kom sömndrucken ut i pyjamas.

"Ruhe, Ruhe", sa pappa alltid.

Lugn, på tyska.

"Nej, det tänker jag inte, det här är för jävligt", skrek mamma och så gick hon ut i köket och diskade hårt och slog i skåpdörrar. Och pappa stod där i dörröppningen till köket, mitt emellan oss och mamma, rådvill och olycklig. För när tevekvällen började och familjen skulle samlas med chips och dipp och Cola, så satt vi på våra rum, förpassade dit av mammas vrede. Mamma och pappa framför teven, pappa tyst och förtvivlad.

Han ville ju bara att vi skulle vara tillsammans. Och han ville inte svika mamma och han ville inte svika oss. Efter en stund hämtade han oss. Vi ville inte, eller vågade inte, men pappa sa: "Jodå, det kommer bli bra. Vi försöker bara hålla oss lite lugna." Vi gick till vardagsrummet. Ett tyst tåg av barn. Mamma vek inte blicken från teven.

Det här skulle bara kunna vara minnen, men det är det inte. På helgerna går jag upp med mina barn och låter Amanda sova. Plötsligt får Frances ett infall att hon ska väcka mamma, och den lilla figuren springer bort mot mammas stängda sovrumsdörr och jag ser för sent vad som håller på att hända, och jag får panik när jag ser Frances bråka med sovrumsdörren för att komma in. Jag släpper allt och springer för att hindra henne. Det slår lock av skräck i några sekunder – det som aldrig får hända håller nu på att ske. Mamma kommer att vakna. Katastrofen är ett faktum. Jag rycker undan Frances med kraft och lyfter bort henne från dörren som måste hållas stängd.

Det måste vara tyst i huset.

Mamma får inte vakna.

Det får inte ske.

Samma störning finns när det gäller skarpa ljud. Varje gång vi välte något i golvet i barndomen så skrek pappa. Här är verkligen något som förenar min pappa med Sigges, deras vilda vrede inför överraskande buller. Min pappa skrek som ett djur! Han var galen! Stora ögon och så det där ljudet från botten av hans väsen. Och sedan nästa steg, utskällningen: "FAN SATAN I HELVETE, VAD KLUMPIG DU ÄR!" Vi barn reagerade som hundar. Vi satt tysta. Någon kanske smög i väg för att hämta sopborsten om något hade gått sönder. Ständig skräck för ett utbrott metern ovanför ens eget huvud. Som att gå på ett minfält av vrede. Sådant gör att man odlar en skräck för skarpa ljud. För skarpa ljud innebär att det kommer ett ännu skarpare ljud, där uppifrån.

Och vi äter frukost och tittar på morgonteve. Frances tappar en tallrik i golvet och det ljudet gör att jag tappar det.

Och jag skriker.

Inte i vrede, som pappa.

Jag skriker i skräck för pappas vrede.

Och det här är en skräck som jag lever med – tills jag lämnar den vidare. Om trettio år så kommer Frances barn att tappa en tallrik i golvet, och Frances kommer att skrika, inte i vrede, utan i skräck för sin pappas skräck för sin pappas vrede.

Och åren går.

Det sjuka blir normaliserat.

Jag är mina föräldrar.

Jag är mina barn.

"Är jag en bra förälder", frågar vi oss. Sigge ägnar en hel text åt det, och jag förstår honom. Vi ojar oss alla i ångest över våra misslyckanden mot våra barn. Men vi måste vara medvetna om att vårt föräldraskap inte går att påverka i någon större grad. Allt vi gör är förutbestämt av dem som kom innan oss. Vi sitter alla fast i varandra. Jag är pappas utpost i världen, den han lämnade efter sig för att någon skulle fortsätta att vara han. Generna tar uppdraget på stort allvar. Jag tittar på mina händer och tänker att det där är inte mina händer – det är pappas händer. Det är pappas rynkor, pappas linjer jag ser. De är så slående lika att jag knappt vågar titta på dem.

Jag saknar pappas händer. De var alltid lite varmare än mina. Alltid så lena, som om tiden hade slipat bort alla ojämnheter från dem. De var alltid så fina och trygga att hålla i. När vi var på solsemester en gång, bara jag och han, så låg vi på två solstolar och han ville slumra till lite och placerade sin hand på min axel så att han visste att jag var där, att allt var bra med mig. Jag saknar den där handen på min axel, saknar någon som ser till att allt är bra med mig.

Mina ben är identiska med pappas. Vi har samma öron – så mjuka att man kan trycka ihop dem till en liten boll. Pappas ständiga fnasighet i huden alldeles under ögonbrynen – jag har den. Åren går och jag håller långsamt på att också fysiskt förvandlas till min pappa. Jag trodde alltid att vi var så olika varandra, men jag tänkte inte på att det bara var åldern som skilde våra kroppar åt.

Uttrycken. När något inte gick pappas väg kunde han uppgivet säga: "Det var ju fan." Jag svarar honom trettio år senare, i mina sammanhang, när något inte går som jag vill: "Det var ju fan."

Det där draget av melankoli som jag som barn aldrig riktigt fick grepp om med pappa, det har jag i dag. Jag och pappa, vi är kanske inte ledsna direkt, men vi vandrar i vemod genom livet. Och vi saknar lättsinne och vi bär på samma ångest. Pappa brukade sitta i sin fåtölj i min barndom och svära för sig själv. Små pysande, väsande läten från roten av själen. "Helvete, satan, jävla skit", kunde han viska när han trodde att ingen hörde. Jag hörde allt och kunde inte förstå varför pappa satt och sa sådana saker. Jag funderade länge på det, minns jag. Till slut frågade jag honom och han förklarade att han hade ångest för livet och för döden. Han ville verkligen inte dö. Och från den stunden ville inte jag heller det. Jag blev pappas pojke också där. Dödsångesten har tagit ett fast grepp om mig och ju äldre jag blir, desto iskallare, mer hisnande, blir tanken att inte finnas till. Häromdagen kom min dotter fram till mig och frågade varför jag ibland sitter och svär för mig själv. Hon såg fundersam, oroad ut.

Jag är ett eko av min pappa. Det visste jag egentligen inte förrän jag själv fick barn. För nu upplever jag ju allt en gång till, fast från andra sidan. Jag lärde Charlie cykla för något år sedan. Det var en varm försommardag. Vi gick till allén på Karlavägen. Jag hade skruvat bort stödhjulen och Charlie hade bistert tittat på. Hon ville inte prata. Hon var sammanbiten. Nu skulle hon göra det. Jag skulle hålla i henne till det att hon skrek: "Släpp taget!" Och hon började cykla på den lilla grusgången.

"Släpp inte!" skrek hon.

Och jag höll henne. Det gick fortare.

"Släpp inte, pappa! Släpp inte!"

Jag släppte inte, jag sprang efter henne med båda händerna runt hennes midja. Cykeln gick fortare, hon började få balans.

"Släpp, pappa!"

Och jag släppte. Och hon försvann i väg, den där lilla flickan på en lite för stor cykel, hon gjorde det. Jag stod kvar. Vinden i hennes hår. Jag ropade till henne på håll: "Du gör det, Charlie! Du gör det själv!"

Och jag kastas tillbaka till 1980. Doften av vägdamm, vårsol i ryggen. Jag har en Monarkcykel med glänsande silverkrona vid styret. Pappa övar och övar med mig. Jag ramlar och blir förtvivlad, jag minns såren på knäna, kontrasten mellan det mörka blodet som rinner över det ljusa grusdammet på mina knän. Plötsligt händer det. Det är som tusen nålar i hjärtat. Vad är det som pågår? Jag känner inte längre pappas varma händer i ryggen. De är borta. Jag är sammanbiten och kanske euforisk. Och jag hör pappa ropa bakom mig: "Du gör det ju! Du gör det ju!" Och han skriker lyckligt, men hans röst blir alltmer avlägsen, för jag gör det ju! Jag försvinner i väg på grusvägen.

När jag står där och ser Charlie försvinna i väg, ser hennes tunga mellan läpparna och hur hon till slut ler, då gråter jag, för jag är både pappan som släpper taget om sitt barn och barnet på cykeln som känner pappas hand försvinna i ryggen. Jag är båda två, samtidigt.

Det ekar så att det sjunger. Jag ropar en sak och när ekot svarar så är det inte min röst, utan min dotters. Jag ropar igen och då är det pappa som svarar.

Livet är inte kronologiskt.

Vi var och shoppade i en dyr klädesbutik och jag stod och tittade på en kavaj när Charlie kom gående med en nyckelring i handen.

"Snälla, kan jag få den här?"

Jag tittade på den lilla nyckelringen i läder och fejkade diamanter. Jag kunde förstå att Charlie var förtjust i den, för den glittrade så. Jag såg på prislappen – 995 kronor.

"Nej, den är alldeles för dyr. Den får du lägga tillbaka där du hittade den."

Tre dagar senare är Frances docka försvunnen och jag går in i Charlies rum och letar efter den. Jag letar i lådor och skåp. Längst in i den nedersta lådan i hennes skrivbord, gömd under ett pennskrin, hittar jag nyckelringen från butiken, och jag förstår att Charlie stulit den och att hon valt att förvara stöldgodset här. Jag går med nyckelringen till köket där Charlie sitter och ritar.

"Vad är det här", frågar jag. Charlie tittar upp. Hon ser nyckelringen. Hon sitter tyst, säger ingenting, hon bara tittar på mig. Jag sätter mig bredvid henne, lägger nyckelringen på bordet. Jag säger åt henne att sätta sig i mitt knä. Jag känner hennes hjärta slå, det slår så hårt. Och jag vet ju att nu är det hennes tur att sitta i pappas knä med bultande hjärta med stöldgodset på bordet. Pappa tittade på de glänsande spelkulorna och så höll han händerna om min haka och sa: "Man får aldrig stjäla."

"Man får aldrig stjäla", säger jag.

Det lilla hjärtat slår och slår.

Dagen efter går vi tillbaka till butiken. Jag har ringt butiksbiträdet i förväg och berättat vad som hänt och att hon nu ska lämna tillbaka nyckelringen. Jag frågar också om hon kan poängtera för Charlie att man aldrig ska stjäla. Det lovar hon att göra.

"Men var snäll mot henne", hör jag mig själv säga. "Var lite ... varsam."

Det är som att jag vädjar till henne att vara varsam mot mig. Jag är pappan och jag är barnet. Det ekar igen, ekar så att det sjunger.

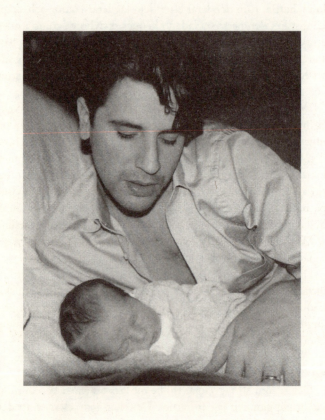

KAPITEL 3

OCEANER AV TID

•

*Där Alex drömmer om att få ligga med sitt stånd
mot någons mage och fyller väntan med att
spotta på perrongen*

*Där Sigge tänker på all tid som går och ger sig ut i
en snöstorm där han möter Sigge Eklund,
Sigge Eklund och Sigge Eklund*

Alex
ATT VÄNTA

På dörren till min psykoterapeut på Kungsholmen står det stort PSYKOTERAPI-MOTTAGNING. Skylten är orimligt stor, den täcker halva dörren. Den här skylten vill inte förmedla något diskret, den här skylten ryter till alla som passerar. Alla som går in genom dörren betraktas som sinnessjuka. Helst skulle det ju stå något helt annat på den där skylten. Något man kunde stå för. Tänk om det i stället kunde stå MENSA. Då hade jag kunnat gå in rakryggad, då hade jag ju till och med föredragit att någon sett mig. Eller ROTARY. Eller vad fan som helst. SMHI hade varit okej. Man uppfattas som en meteorolog och sedan är det inte mer med det. Jag vill bara inte att det står PSYKOTERAPI-MOTTAGNING. Jag vill inte bli betraktad som en mentalpatient. Därför ser jag till att ingen ser mig när jag smiter in till min terapeut, men det är svårt ibland, när folk stökar i porten. En gång kommer jag in och då står en ung kvinna och rasslar med nycklarna vid hissen alldeles bredvid ingången. Panik! Men jag finner mig snabbt, och nickar till kvinnan som om vi vore bekanta och så passerar jag rakt förbi dörren och tar trapporna. Som om jag bor i huset. Sedan står jag där på plan ett med kaninpuls och väntar tills människoljuden är borta och då kan jag våga mig ner igen.

Jag är medveten om att detta är ett onormalt beteende. Kanske är det just detta beteende som gjort att jag hamnat där över huvud taget – innanför en dörr som pryds av skylten PSYKOTERAPI-MOTTAGNING.

Knepet är att komma till psykoterapeuten precis på utsatt tid. Man får inte komma för sent, för terapitimmen är dyr, och man får absolut inte komma för tidigt, för då hamnar man i det helvete som kallas för "väntrummet". Där är exponeringsrisken enorm. En gång hände det som inte fick hända, jag var några minuter för tidig och satte mig för att vänta och in kom en man och han upptäckte mig genast och jag såg det ju på honom, han ville bara vända i dörren, men det gick ju inte. Han gick motvilligt in, jag dök ner i en tidning och försökte tänka att "den här mannen finns inte". Väntrummet är så litet, där finns bara två små soffor som står mitt emot varandra, och han kunde ju inte stå och vänta. Han tog en tidning och satte sig mitt emot mig. Tänk vad skönt det hade varit för oss båda att benämna situationen.

"Jaha, så du är också …?" säger jag och gör en liten snurrgest med pekfingret runt tinningen. Och han nickar glatt.

"Koko i huvet? Ja, Absolut!"

Och så kunde vi fortsätta läsa våra tidningar.

Där satt vi i stället, stela och onaturliga och låtsades som att den andre inte existerade. Det fanns något djuriskt över oss. Som två hundar i skam.

I sådana lägen av panik blir jag alltid överperceptiv. Jag noterar minsta sak. Små märken i plastgolvet av bord som borrat sig ner i golvytan. Camilla Läckbergs vitblå tandrad på omslaget av tidningen *Hälsa*. En radio som stod på i lägenheten intill. Ljudet av en moped som körde förbi utanför. Jag läste tidningen, men kunde inte läsa ett ord.

Det var en speciell stund, för sekunderna växte där i väntrummet. Tiden bromsades in. Sekunder och minuter, alltså själva mätenheterna för tiden, blev oanvändbara. Om någon skulle frågat hur länge jag satt där i väntrummet skulle jag kunnat titta på klockan och säga: "Fem minuter." Det hade varit sant enligt klockan, men ändå falskt. I själva verket satt jag där inne i tre och ett halvt år. Den tidsrymden motsvarar upplevelsen bättre. Måttenheterna förlorar relevans. Jag skulle hellre tala om annat när man anger tid av det slaget.

Hur länge satt du i väntrummet?

Jag satt där i trehundrafemtio tankar.

Jag har alltid varit fascinerad av väntrum. De gör att jag hamnar i en speciell stämning. Så har det varit ända sedan jag var i ett första gången, när jag gick i ettan i skolan och jag skulle dra tillbaka min förhud hos syster. Vi satt en rad pojkar i väntrummet, tysta och rädda, och en efter en blev vi uppropade. Och så fick vi gå in och hasa ner byxorna och dra tillbaka förhuden och pojkollonet blänkte och syster böjde sig fram och kontrollerade.

"Lite mer", sa hon.

Och jag drog lite mer, så att det spände och gjorde ont.

"Oj, inte så mycket", sa syster och så tackade hon och ropade upp nästa.

Väntrum bar på en skräck. I dag bär de på något annat. I dag är de ju så egendomligt anakronistiska. Det är ologiskt att de fortfarande existerar, orimligt. Det är som att se en klockradio i en westernfilm. Det här med att vänta känns som något vi sysslade med förr om åren. Vi vägrar befatta oss med det numera. Väntan utgör meningslösa, hotfulla tomrum som måste fyllas. Vi vet att det kan ta en halv minut innan hissen kommer – vi vägrar stå där och bara vänta. Vi tar fram telefonen, vi skickar ett sms och kollar Instagram. Tomrummen gapar efter oss och vi fyller dem hela tiden. Vi vill få tiden att gå – som om den inte redan gick! Vad gör det med oss människor? Vad är det vi förlorar när vi inte längre väntar rent? Jo, vi förlorar förmågan att finna oss i en situation. Att vägra vänta är att vägra bli vän med sig själv, att konsekvent avstå från att försonas med sig själv.

Det var annat förr, i tonåren. Då var man tvungen att vara vän med sig själv, för hela tillvaron var en enda lång väntan. Jag gick över Farsta Centrum, sent på kvällen, på väg in till stan för att gå på bio, hörde de små viskande ljuden från tunnelbanespåret som avslöjar att tåget är på väg och började lubba för livet för att hinna med, in genom spärrarna, uppför rulltrappan med dubbla kliv och så ut på perrongen – för att se tåget långsamt skrida i väg. Jag kickade kanske i någon vägg i frustration och satte mig på en bänk. Och så väntade jag på nästa tåg. På de nyinstallerade digitalskärmarna kunde man läsa om nästa avgång: "ALVIK 23 minuter".

Det här var före mobiltelefonernas tid.

Då väntade jag.

Hittade jag en *Metro*-tidning så var lyckan gjord. Som jag läste den. Från start till mål. Jag lusläste den, jag läste också saker i den som jag utan tvekan var fullständigt ointresserad av.

Sportresultat. Det som av någon anledning hette "sportbörsen".

Bundesliga.

Mönchengladbach–Schalke 04 1–0.

Publik: 12 344 åskådare.

Jag läste det.

Sedan var jag färdig med *Metro*. Då läste jag om den, och när jag läst om den, då gick jag fram till Stockholmskartan. Och så tittade jag på den. Utforskade olika platser på kartan med fingrarna. Sedan gick jag över till tidtabellen och läste den. Konstaterade en rad samband, som att söndagar innebar glesare trafik, men därefter var alla möjligheter till förströelse uttömda och där stod jag på perrongen.

"ALVIK 9 minuter".

Då satte jag mig helt sonika ner på en bänk. Och så väntade jag. För att hantera väntan kunde jag dela in den i mindre delar. Jag kunde vänta på att "9 minuter" på tavlan skulle bli

"8 minuter", och så tävlade jag med mig själv genom att stirra på texten "9 minuter" och jag fick inte blinka förrän det stod "8 minuter". Så jag stod där och blängde och blängde och det värkte i ögongloberna.

Och när jag tröttnat också på det så började jag spotta. Jag minns inte riktigt hur tankarna gick kring det där. Jag gjorde som alla andra, bara. Jag spottade. Det handlade alltså inte om att spotta i största allmänhet, utan om att göra spottandet till ett projekt. Det här var mycket populärt, när jag kom upp på perrongen såg jag alltid tre, fyra spottpölar som glittrade i lysrörsskenet, ibland mäktiga salivskummande saker som måste tagit en halvtimme att få ihop. Det var som små spår av väntan.

Jag satt med benen brett isär och spottade försiktigt, det var inte riktigt att spotta, man skulle LJUDLÖST låta saliven lämna munnen och landa i pölen, och så byggde man sin pöl av spott. Sedan kom tåget. 23 minuter hade passerat. Jag lämnade pölen, som en hälsning till nästa person som kom upp på perrongen: "Här väntade jag."

Livet var uppbyggt av väntan. Inte bara lång väntan – det fanns en kort väntan som nästan helt har försvunnit, en mikroväntan som tillhör en svunnen tid.

Modemet sprakar och tutar och tuggar och det står "connecting" på skärmen och snart är jag där, snart är jag på Altavista. Tjugo sekunders väntan.

Den bärbara CD-spelaren som jag har i bagen hoppar ur spår och tystnar och tuggar och jag väntar på att den börjar spela igen. Fyra sekunders väntan.

Jag ska lämna tillbaka den hyrda VHS:en och jag vet att man får böter om man inte spolar tillbaka filmen, så jag står där och tittar på den svarta lådan och väntar. En minuts väntan.

Jag tar en glass ur frysen och precis när jag stängt dörren så ångrar jag mig, jag vill ta en annan glass, men suget gör att dörren inte går upp. Så jag väntar. Sju sekunders väntan.

Jag ska ringa min bästis Dudde och måste hela tiden vänta

på att fingerskivan rullar tillbaka när jag slagit en siffra. Längst tid tar det att slå siffran nio: två sekunders väntan.

Teven står på. Det visas inget program, bara en klocka. Sekundvisarna flyter inte fram över uret, de slår sig fram, skoningslöst, sekund för sekund. Jag sitter i soffan och tittar på sekundvisaren som bestämt stegar sig igenom urtavlan. Jag väntar. Plötsligt försvinner urtavlan och en fågel visar sig. Jag frågar pappa vad det är för fågel och han svarar: "Det är pausfågeln."

Pausfågeln. Det fanns plats för sådana i ungdomen. Man tog pauser. Och man väntade.

Jag väntade och väntade, på allt möjligt.

Men framför allt väntade jag på kärleken. Jag ville så gärna ha en tjej. Ville så gärna ligga med någon. Jag ville ligga naken med någon, ville ligga kåt och avslappnad i en säng, med mitt stånd mot någons mage. Men jag hade svårt att prata med tjejer. Jag stammade och det blev inte bra. Jag sökte mig därför till ytor där man inte behövde prata. Jag gick mycket på bio, åkte in till Filmstaden Söder ensam och tittade på tjejer i foajén. Jag gick in i biomörkret och hade jag tur så hamnade jag nära någon tjej. Jag fick sällan kontakt. En gång hamnade jag dock bredvid en tjej som jag tyckte var så otroligt söt. Mitt under filmen tappade hon sin lins på golvet. Hon svepte försiktigt med händerna över golvet. Jag hjälpte henne, hon log uppskattande. Våra händer vidrörde varandra i mörkret, jag blev upphetsad av vår beröring, jag fortsatte söka, såg till att röra henne igen och igen, hennes varma hud, men jag gick för långt, jag tafsade hårt, rörde henne febrigt och till slut sa hon ifrån, tittade på mig med äcklad blick och sa att jag skulle sluta.

Jag sökte mig också till discon, en plats där man verkligen inte behövde prata, alla kommunicerade genom sina kroppar. Från att jag blev arton dansade jag varje torsdag, fredag och lördag, helg efter helg i flera år. Där stod jag i ett hörn och positionerade mig på dansgolvet. Spejade ut över kropparna.

Hittade en tjej som jag gillade. Jag dansade fram, saxade mig ledigt över dansgolvet i takt med musiken. Dansade nära, men inte för nära. Och så alltid samma knep – plötsligt "råkade" jag stöta in i henne, och när hon vände sig mot mitt håll tecknade jag "URSÄKTA" med munnen, och så försökte jag etablera något därifrån, utifrån den första kontakten. Det gick ju aldrig, hon försvann genast, dansade i väg till en annan yta på dansgolvet, inte intresserad. Att hela tiden se hur tjejerna försvann från den plats man dansade på. Hur hanterade jag det? Blev jag inte ledsen? Varför gav jag inte upp?

Jag fortsatte.

Tog sikte på nya mål. Blickade ut över dansytan, titta, där står ett gäng tjejer! Jag dansade dit, råkade vidröra några av dem och efter bara en minut var alla borta. Alltid när jag kom, så försvann alla. Det var som att bli minidumpad gång på gång, ibland femtio gånger på en kväll. Och de gjorde det alltid på samma sätt, varje dumpning föregicks av att de synade mig. En snabb blick, från topp till tå, och så ett blixtsnabbt beslut. Honom vill jag inte ha. Och så var de borta.

Jag vägrade ge upp. Tittade ut över nya ytor, hittade nya tjejer och satte fart. Titta där då! Där såg det ganska bra ut, två söta tjejer som stod och dansade mot varandra, mekaniskt och helt utan passion. Det var ett tecken på att de stod där i väntan på killar, så jag rörde mig bortåt. Jag dansade nära den ena, försökte få ögonkontakt med den andra och snart var båda borta.

Ibland gick jag längre, kanske för att jag druckit ett par glas mer än vanligt, jag dansade nära någon snygg tjej och så i någon rörelse så lade jag försiktigt armen om henne – och så inväntade jag reaktionen. Tanken var väl att hon skulle vända sig mot mig, syna mig, gilla det hon såg, och så stod vi plötsligt där och hånglade. Men det hände ju aldrig. De gånger då jag lade armen om tjejer så kunde det bli obehagligt, för då hände det att de liksom stelnade till och med kraft slog bort min hand.

Helg efter helg, vecka efter vecka, månad efter månad. Jag

väntade tålmodigt på att tillfället skulle komma – och en dag så kom det. På nattklubben Tiger. Hon var så söt! Jag dansade nära, råkade stöta in i henne, tecknade ett stumt "URSÄKTA" – och hon log mot mig! Hon gjorde ingen snabb smitning. Hon stod kvar. Vi åkte hem tillsammans. Vi tog av varandras kläder. Hon hindrade mig plötsligt och sa att det var något hon måste berätta. Några år tidigare hade hon blivit sparkad i magen av en häst. Det hade blivit ett märke som såg läskigt ut. Hon ville bara säga det, sa hon, så att jag inte skulle bli skrämd. Jag sa att jag inte skulle bli skrämd. Och hon visade ärret. Det var en hålighet, som en grop i magen. Vi skrattade mycket åt det. Jag älskade den där håligheten. Hon sa att man kunde känna hennes ryggrad framifrån, genom hålet, och jag fick prova. Kanske var den där kvällen mitt finaste minne från hela min ungdom. En lång väntan var över. Alla de där investerade timmarna inne i discomörkret. Alla påstötningar, alla äcklade blickar. Men nu hade det hänt. Jag låg där i mörkret med en tjej jag tyckte om. Mitt stånd mot hennes mage. Penisen fick plats inne i håligheten.

Sigge
LIVETS SKRÄMMANDE LÄNGD

Det är min äldste sons födelsedag, och jag vet att jag i dag kommer känna mig ovanligt gammal. Det är redan igång, fast klockan bara är sex på morgonen. Jag sitter ensam vid köksbordet och ser på det inramade fotografiet på väggen som föreställer mig själv utanför World Trade Center, sommaren 1994, och tänker på pojken med alla böcker, alla drömmar. Jag ser hans kamp. Han vill så mycket. Jag känner det tydligt.

Familjen sover fortfarande, jag har gått upp tidigt för att slå in de sista paketen. Utanför faller snön tätt. Jag har tänt stearinljus och satt på kaffe. Hanterar presentpappret med stor försiktighet för att inte väcka födelsedagsbarnet.

När jag är klar tittar jag på klockan och inser att jag gått upp lite väl tidigt. Jag sitter stilla och tittar på snön som faller och väntar på att de andra ska vakna, när det slår mig hur ovanligt detta är, att sitta så här, ensam i tystnad, utan att ha någonting att göra. Det känns över huvud taget som att jag glömt bort vad det betyder att *vänta*. Under uppväxten tillbringade jag större delarna av dygnet i det tillståndet, i väntan på att teve skulle börja sända (klockan 16.30), i väntan på att en kompis pingisträning skulle vara över, i väntan på att mina föräldrar skulle komma hem från jobbet. Säga vad man vill om att dagens barn använder sina telefoner för mycket: att vara barn på 80-talet var ofta rätt tråkigt.

Jag avbryts i mina tankar av sömndruckna familjemedlemmar som stapplar in i köket. Viskande hjälps vi åt att färdigställa det sista.

Strax sitter vi hos födelsedagsbarnet, omgivet av tända stearinljus och dignande bullfat i dunklet. Jag studerar hans ansikte extra noggrant och så dyker den upp igen: känslan av *orimlighet*. För trots att jag ser honom så gott som varje dag, året om, händer nu detta märkliga att jag får en direktkontakt med hans tidigare födelsedagar, inklusive den första (förlossningen), och ur denna minnets dubbelexponering, framträder den bisarra kontrasten extra tydligt: Han låg nyss hjälplös vid sin mammas bröst, men nu river han av presentpapper med starka armar, och han kan blåsa ut elva tårtljus i ett och samma bestämda andetag.

Så sneglar jag på Malin och vi ler båda två, nästan generat, inför den absurda insikten: Vi har skapat honom. Vi har ynglat av oss, förökat oss, skapat ett gäng. Jag älskar henne mer än vanligt då.

Mitt i natten vaknar jag med ett ryck. Sätter mig upp i sängen och noterar att det är snöstorm. Mitt hjärta slår hårt, det är tydligt att jag upplevt något dramatiskt i sömnen nyss, men som vanligt är detaljerna bortom räckhåll när jag nu försöker minnas vad. Ändå anstränger jag mig genom att lägga mig ner igen och sluta ögonen. Jag har en känsla av att det jag såg var livsavgörande, som om förklaringen till livets största gåta avslöjades i drömmen, och nu gör jag allt jag kan för att återinträda i berättelsen – men förgäves. Berättelsen är förlorad, det enda jag har med mig är några vaga bilder.

En bild föreställer en båt på ett vidsträckt svart hav. Och jag tror mig veta att drömmen denna natt handlade om livets *längd*, mer än så vet jag inte. Förnimmelsen är skör som en blyertsskiss, men jag tycker mig veta att båtresan i berättelsen var livets resa och att jag stod på båtens däck och var rädd för havet – som var så oerhört stort.

Vad var det som tedde sig så skrämmande, och varför gjorde drömmen sådant avtryck i mig?

Så här har det varit den senaste tiden, sedan jag började sjunka. Jag saknar svar – och nu inser jag hur mycket jag saknar det, hur stärkande det brukar vara, i vanliga fall, att *ha* svar.

Vanligtvis är det en sådan här natt som jag brukar gå upp och skriva. Men jag kan inte längre lita på mina egna förklaringar. Jag känner mig nästan lika dåligt rustad inför mörkret som när jag var fjorton, innan jag upptäckte hur skyddande berättandet var.

Jag minns inte hur man gör.

Eller snarare: Jag har redan berättat allt – berättat det så många gånger att orden förlorat betydelse.

Jag smyger upp för att inte väcka Malin eller barnen. Jag ser ut genom fönstret. Gatorna är helt vita av snö nu. Jag tänker på hur sällan jag numera upplever snöoväder annat än just så här, från en skyddad plats bakom fönster. De gånger när jag som barn vaknade av att min bror ropade att det var snöstorm, så kastade jag mig jublande ur sängen för att sedan klä mig så fort jag kunde och ge mig ut.

Även i tonåren, när jag vandrade i motvind på väg till skolan, invirad i halsdukar, maximalt påpälsad, kunde jag uppskatta ovädret. Särskilt om jag hade hörlurar och lyssnade på musik. Då älskade jag stormen. Älskade att utsätta mig för den. Som tonåring – för tusen år sedan.

Nu får jag en idé. Om jag nu inte kan somna om, och på så sätt återbesöka drömmen, så kan jag gå ut i snöstormen och på så sätt kanske i alla fall återbesöka *känslan*.

Jag klär mig sakta och noggrant. Som en astronaut som inför en rymdpromenad dubbelkollar sin dräkt så att det inte ska kunna sippra ut något syre, ser jag till att varje glipa i kläderna tätas.

Och det fungerar. Väl ute i stormen känner jag visserligen dess kraft, vinden slår i bröstet och snön sticker till i huden i den lilla öppningen runt ögonen, men i övrigt är jag skyddad, och börjar vandringen genom kaoset.

Jag tar trapporna ner mot Observatorielunden, försiktiga steg för att inte halka. Klockan är två på natten så staden är helt tom, bara en och annan taxibil som passerar nere på Sveavägen. En dockstad klädd i bomull.

Som alltid när jag passerar Handelshögskolan ser jag framför mig hur jag som sexåring leker i parken utanför medan min pappa föreläser där inne.

Den pojken är en annan människa än den som nu pulsar genom snön, och därmed kan det lika gärna vara trehundra år mellan händelserna som trettio.

Jag blir aldrig klok på hur jag ska tolka tiden.

Att livet är långt borde vara något positivt, men i drömmen var livets längd hotfull. Kanske har jag drömmen kvar i kroppen, för när jag korsar Observatorielunden upplever jag det som skrämmande att jag varit här så många gånger, i så många olika åldrar. Jag kan inte greppa att de där versionerna av mig själv är *jag*.

Jag vet att jag satt på en filt i denna park som artonåring och drack sangria. Jag vet att jag och min son testade en radiostyrd helikopter på samma plats för fem år sedan. Och jag vet alltså att jag lekte här som barn. Det är samma park i minnena, men personen är så förändrad att han inte kan kallas samma person. Jag sträcker mig efter minnena, försöker nå dem, men så fort jag vidrör dem, skingras de. Jag försöker länka samman dem i en kedja men de vägrar mötas.

Någonting har hänt det senaste året. Frågan är bara vad.

När jag nu går genom snöstormen tänker jag att jag kanske sökt en alltför komplicerad förklaring till varför jag mår dåligt.

Kanske är den enkel: För första gången sedan jag föddes har jag vandrat *cirkeln runt*.

Jag är nu lika gammal som mina föräldrar var när de skilde sig.

Jag är därmed tillbaka vid utgångspunkten. Den snöstorm som rasade utanför fönstret när de satt på min sängkant, skulle kunna vara denna. Det är så klart ofattbart att jag snart är fyrtio. Och det är så klart skrämmande, eftersom jag minns vad som hände med dem då, när de bröt samman.

Vinden tilltar. Jag korsar Sveavägen. Inte en levande själ i sikte.

Jag närmar mig Vanadislunden och gräsmattan dit vi ofta gick som tjugoåringar. Med filt, bandspelare, picknickkorg. Jag ser den stora eken som vi satt under, och minns alla fotografier jag tog, på just den platsen.

Dokumenterandet präglade hela mitt väsen då. Alltid samla stoff, alltid stå vid sidan om och föra loggbok. Det är klart att det uppstår en avskärmande hinna mellan en sådan person och verkligheten.

När jag tio år senare skulle flytta till Göteborg och gick upp på vinden för att tömma den, insåg jag hur många flyttlådor med fotografier och anteckningar jag fyllt som tjugoåring.

Det var på samma gång rörande och smärtsamt att se hur omfattande och välordnat innehållet var. Som att jag skickat flaskpost till mitt framtida jag. Tusentals meddelanden som jag som ung släppt ner i tidens flod, i hopp om att den som plockade upp dem skulle tycka att de var betydelsefulla.

Jag öppnade några på måfå och insåg direkt att det inte fanns någonting användbart där. Fotografier från tågluffen jag gjorde som nittonåring sa ingenting om de stora frågor trettioåringen står inför – om relationer, om barnen, om åldrande.

Sedan dess har jag inte rört de där lådorna. Kanske är jag rädd att bilderna ska göra mig ledsen. Det var ju en mörk period. Ett annorlunda mörker. Och sedan dess har jag sett till att distansera mig från det, genom att påstå att den där unge mannen inte har något med mig att göra. Jag har förtalat honom vitt och brett.

Nu stannar jag upp framför eken i Vanadislunden där vi brukade sitta och tänker att han kanske bara gjorde det han var tvungen att göra för att hålla sig flytande. Det var ingen lek, den uppgift han hade. Han hade kastats ut i kylan och ensamheten efter skilsmässan och försökte hitta en väg framåt. Mörkret för honom var som ett svart hål, ständigt närvarande, som han när som helst kunde sugas in i. Det svarta hålet kunde gömma sig i en låt eller en kommentar från en tjej. På ett ögonblick föll han, handlöst, in i det.

Jag minns när jag var i New York 1994, helt och hållet ensam i en stad som inte släppte in mig. En hel vår hade jag jobbat på McDonalds för att ha råd med resan. Nu var jag där, men saknade verktyg för att ta kontakt med någon. I mörkret utanför det lilla hotellfönstret kände jag gravitationen från det svarta hålet igen. Det var som att dess kraft när som helst skulle få rutan att explodera och sedan suga mig ut ur fönstret och sluka mig en gång för alla.

Så är det inte för fyrtioåringen. Inga sugande svarta hål längre. Nu är mörkret mest en skugga som faller över allt. Världssorgens skugga, förintelsens skugga, tredje världens skugga. Alla-mobbade-fjortonåringar-i-hela-Sveriges skugga. Man vet att lidandet pågår. Att det alltid pågått. Att det antagligen alltid kommer att pågå. Men det suger inte upp en – det förmörkar bara stigen man vandrar längs.

De riktigt stora konflikterna är ordlösa.

När jag var yngre och blev arg på någon så gav jag mig in i en kamp, skrev långa brev, satt uppe långa nätter och diskuterade skuldfrågan, radade upp anklagelsepunkter. I dag är de mest skrämmande relationssprickorna tvärtom de som *inte* resulterar i konfrontation. De relationer som sakta men säkert ruttnar, som plågar en som en dålig lukt. De som dör i tystnad. Laddningar som laddas ur, snarare än som överhettas och brinner. Implosion i stället för explosion.

Jag vänder om, och går hemåt.

På väg tillbaka hem tar jag vägen längs Torsgatan där jag bodde med min mamma under gymnasiet. Jag ser pizzerian där vi ofta köpte mat. Jag tänker åter igen på honom som jag var då. Han som så ofta satt där. Det går att vända ryggen mot honom – jag har ju hörlurar med mig och fyrtioåringen har många års träning – men denna natt väljer jag att inte vika undan. Jag tänker på kampen han genomled, alla tusentals fotografier han tog, alla planer han hade. Plötsligt får jag lite dåligt samvete. Han såg upp till mig så mycket, medan jag alltid avfärdar honom.

Jag kommer hem och kränger av mig de froststela kläderna.

Jag står stilla i hallen och lystrar till tystnaden. Jag tänker att tjugoåringen står bredvid mig, för första gången på mycket länge.

Och jag tänker att han kanske kan hjälpa mig nu, i det arbete jag har framför mig. Jag är redo nu, att för första gången gå upp på vinden och öppna flaskposten han skickade till mig.

Kanske kan det i innehållet finnas en ledtråd.

KAPITEL 4

MÖRKA UNGDOMSÅR

•

*Där Sigge torteras av en flickvän och till slut
flyr för sitt liv*

*Där Alex torterar en hund och en kines (men mest
plågar han sig själv genom att bita av
kött från sin egen kropp)*

Sigge
DEN ELAKA FLICKVÄNNEN

"**S**igge."
Jag tittar upp och ser servitören bakom kassan vinka till mig. Sedan säger han det igen:

"Sigge", och så ler han – och jag känner igen honom, men utan att veta varifrån. Det känns som att han någon gång för länge sedan spelade en viktig roll i mitt liv, men jag kan inte minnas vilken.

Sedan skälver det till i mig. Det är *han*. Lite äldre, lite mer tunnhårig, men visst är det han. Vi bodde tillsammans i ett kollektiv och delade allt under flera år.

Jag sträcker ut min hand över disken och han tar den.

Hans hand är varm. Vi var så nära en gång. Det var en speciell typ av vänskap. Vi hade flyttat hemifrån första gången, fyra vänner som inte bara hade bestämt sig för att leva tillsammans utan också delade en dröm om att försöka skapa någonting. Han som skådespelare, jag som skribent, de andra som musiker och fotografer.

Det var ett allmänt festande och ett ständigt pågående samtal om alla de böcker, filmer och skivor vi konsumerade ihop.

Ett umgänge som stal massa tid från själva skapandet, men som antagligen var nödvändigt, för när vi titt som tätt sökte oss ut ur rummen, in till de stora sittkuddarna runt teven, och tog en paus från de ambitiösa projekten, då var samtalen uppmuntrande, och vi intalade oss själva och varandra att vi *behövdes*, att vi stod på randen till en ny tid, då allvar skulle tas på allvar igen. Vi visste det med säkerhet, att ironin snart var död, och lagom till detta skulle vi debutera, det hade vi bestämt. Det var ljusa och hoppfulla nätter i den nybyggda 90-talslägenheten på Magnus Ladulåsgatan, och då och då kom grannen som bodde under och knackade på och skrek att vi skulle sänka volymen, och då blev han omvärlden förkroppsligad. Den omvärld som var föråldrad och stelnad och som inte förstod oss.

Och så plötsligt stod hon där. Min kompis lillasyster. I hallen, med en resväska. Deras mamma hade dragit till Argentina för att "hitta sig själv", och nu flyttade hon in. Och jag föll direkt för denna propert klädda flick-kvinna med det halvmeterlånga svarta håret. 1,52 meter lång bara, men med en röst som fyllde hela rummet när hon sjöng till gitarren. Redan efter några dagar var jag förlorad, hade slutat äta och sova. Levde bara för en enda sak, stunden varje natt då de andra gått och lagt sig och hon och jag var ensamma kvar i soffan. Varje natt väntade jag ut de andra, fast de ibland inte gick och lade sig förrän tre, fyra. Då, äntligen, fick jag henne för mig själv och kunde inleda ansträngningen att säga något klokt, eller roligt, som skulle få henne att bli lika förälskad i mig som jag var i henne. Och sedan, i gryningen, då hon till slut gick och lade sig på madrassen i sin brors rum, då kastade jag mig över skrivmaskinen och skrev ner varje ögonblick från den gångna natten, varje replikskifte jag kunde minnas, varje blick jag fått av henne där vi suttit uppkrupna i soffan och rökt. Det kändes som att varenda detalj var avgörande och att jag genom att få dem på pränt kanske skulle se något mönster som skulle kunna hjälpa mig att lista ut hur hon skulle bli min.

Men den förtrolighet som vi upplevde de där första veckorna försvann när vi sedan blev ihop. Vi var oerfarna, både sexuellt och känslomässigt, och skrämdes kanske av närheten. Två betraktare som nyss hade betett sig så belevat och charmigt avmätt i den där soffan. Nu förväntades vi leva ut allt det som filmerna och böckerna berättat om, nu förväntades vi vara lika passionerade, och ge oss hän åt varandra såsom vi sett folk i filmerna ge sig hän – och det var lättare sagt än gjort. Det ställde nya krav som vi inte förmådde leva upp till.

Rollerna etablerades snart, jag var den som hela tiden upplevde mig förbisedd eller ouppskattad, hon besvarade mina anklagelser med att dra sig undan ytterligare.

Ändå bestämde vi oss för att tillsammans lämna kollektivet. En möjlighet att flytta in i en etta på Ölandsgatan uppstod då jag var tjugotvå och hon arton. Där fördjupades klyftan mellan oss. Jag blev ännu mer behövande, hon blev ännu mer äcklad.

Nu står jag på ett kafé med mina barn intill Filmstaden Sergel femton år senare och ser hennes bror le mot mig. "Härligt att se dig!" säger han glatt. Men för mig känns det inte alls härligt; allt jag behövde var att höra honom utropa mitt namn för att inse att såret kanske fortfarande är öppet.

Jag ser hans ögon och jag kan inte möta dem, de är för genomborrande, för bekanta. Han ser igenom mig, så känns det. Han är bror till henne, en del av henne. Och hans ögon får det att vända sig i magen på mig. Så djupt sitter smärtan, fortfarande, femton år senare.

Rummen var mörka i den lilla lägenheten som vi flyttade till, på Ölandsgatan. Var och varannan dag berättade hon för mig att hon skulle lämna mig. Och när hon inte sa det, ägnade hon sig åt att beskriva min person; hur skadad den var, och hur osannolikt det var att jag någonsin skulle kunna skriva eller skapa något av värde eftersom jag saknade självinsikt. De ändlösa samtalen var fasansfulla, just eftersom jag trodde på henne. Hon var så lugn och metodisk när hon bröt ner det lilla självförtroende jag hade. Det lät aldrig som att hennes analyser av mina texter eller fotografier bottnade i något annat än objektivitet. Hon hade läst konsthistoria och fotografi och kunde beskriva min värdelöshet med hjälp av en hel konstvärlds vokabulär som jag inte hade tillgång till.

När vi varit tillsammans ett år reste vi till Paris över en helg för att fira årsdagen, bara hon och jag. Det var vinter, ovanligt få turister i stan, solen stod lågt på himlen. Vass, frisk luft som stack i näsborrarna. Andedräktspelare ur munnarna. Ett gulblekt ljus över de frostiga lövlösa stammarna längs avenyerna. Jag hade överraskat henne med biljetter i ett desperat försök att få henne att mjukna, och redan den första eftermiddagen kändes allt mer hoppfullt. Vi vandrade upp mot Sacré-Cœur och tog ett glas champagne i farten på en liten bar, gick sedan runt uppe vid Place du Tertre och fotograferade färgstarka karaktärer och slitna fasader. Det var en förtrollad stund för mig. Dels för att hon inte sagt något elakt till mig sedan vi landat i Paris – kanske detta *var* romantikens stad, trots allt – dels för att vi för första gången kändes samspelta. Äntligen motsvarade verkligheten drömmen jag hade om oss som unga lovande konstnärer, för nu fotograferade vi för första gången tillsammans. Idén om det skapande paret väcktes till liv igen – paret som skulle vandra genom livet sida vid sida och inspirera varandra till storverk.

Men plötsligt var hon försvunnen. Vi hade gått runt tillsammans på det lilla torget, fotograferat de kufiska porträttkonstnärerna som satt vid sina stafflier, när jag plötsligt inte kunde hitta henne. Tiden gick. En halvtimme blev en timme och snart föll mörkret. Jag försökte ringa henne men hennes mobil var avstängd. En ytterligare timme gick och jag började bli orolig. Jag övervägde att gå tillbaka till hotellet, men någonting fick mig att stanna. Jag var rädd att göra något annat än det hon eventuellt förväntade av mig, vilket i det här läget var att stå kvar på den plats där vi hade skilts åt, i timmar, trots att det var minusgrader och torget började tömmas på folk för kvällen.

Efter två timmar kom hon gående i sällskap med ett gäng killar i vår ålder. De talade franska och var svartklädda och kontinentala. Bleka i hyn, mörka lockar, röda läppar, animerade gester. Några meter från mig stannade hon upp och kramade om dem, en efter en, och pussade dem på kinderna. Utan att introducera dem för mig vinkade hon sedan farväl och gick fram till mig.

"Var har du varit?" sa jag.

"Jag lärde känna några konstnärsstudenter som tog mig med till ett underbart litet konstnärskafé."

"Jag var orolig", sa jag.

"Du kan väl ta egna initiativ?" svarade hon kort.

"Jag visste inte om du gått tillbaka till hotellet."

Då såg hon på mig och skakade på huvudet.

"Du ser livrädd ut", sa hon, och innan jag hann protestera tog hon upp kameran och fotade mig. Blixten slog emot mig som en hink med kallvatten. Sedan vände hon sig om och började gå mot hotellet. Jag halvjoggade i kapp henne.

Några veckor senare framkallade hon Parisrullarna i vårt kök. På tork på tvättlinorna hängde dussintals foton från hennes kväll på en stimmig bar med konstnärseleverna. Killarna skrattade och rökte cigaretter och drack öl. Kanske var det inbillning från min sida, men jag tyckte mig se att de tittade förälskat in i kameran, in i henne. Och längst till höger på linan hängde bilden på mig som hon tagit när vi till slut möttes på torget. Jag såg inte klok ut. Mina ögon var inte bara uppspärrade, de såg skräckslagna ut. Bilden föreställde ett spöke.

Men hennes bror ler brett, femton år senare som om ingenting hänt.

"Härligt att se dig!" säger han och vi pratar kort om året på Magnus Ladulåsgatan. Hur spännande det var med de stora drömmarna, hur naiva vi hade varit som trodde vi kunde erövra världen. Hans syster nämner vi inte, och det är jag tacksam för.

I rulltrapporna upp i biografbyggnaden känner jag ett tryck över bröstet. Det är och förblir ett mysterium varför jag stannade hos en så elak person.

Hon som så ofta sa: "Allt du gör är på låtsas. Du låtsas skriva. Du låtsas älska."

Och om nätterna ringde hon till olika människor i Argentina och talade i timmar på spanska. Och när hon lagt på kunde hon säga saker som: "Det var José. Han är konstnär. Jag kanske åker och hälsar på honom i Buenos Aires i sommar."

I efterhand, i takt med att jag blev äldre och fick andra förhållanden att jämföra med, började jag tänka att hon faktiskt hade hatat mig. Att hon hade hatat mig mer under de två åren, än någon annan människa hatat mig. För att jag envisades med att försöka komma nära henne, alltså. Ändå stannade hon. Ändå stannade jag.

Alla dessa minnen dök upp mot min vilja när jag såg hennes bror. Och de fanns kvar i mig inne i biosalongen. Men filmen var så bra att jag efter en stund glömde smärtan och hamnade i Legovärlden.

Huvudpersonen var en anonym liten gul Legogubbe som hela tiden förnedrades av sin omgivning. Hans arbetskamrater visste inte ens vad han hette, just för att han var så färglös. Han kände att han var unik, men kunde inte uttrycka det, hur mycket han än försökte.

Och ju längre in i handlingen jag kom desto mer började jag tänka att den knappast hade kommit till av en slump. Den här berättelsen om den osynlige mannen i massan, som vill övertyga omvärlden att han är unik, den handlar så klart om samtidsmänniskan.

Försöker vi inte alla övertyga omvärlden genom sociala medier att vi har något att komma med? För det mesta blir vi besvikna. Var och varannan bild som vi lägger ut gör att vi känner oss underskattade för att vi får för få likes, för lite respons – och var och varannan tweet vi skriver tycker vi blir missförstådd.

Och där och då i biomörkret slog det mig. Är vi – allihop – ihop med en elak flickvän? Jag menar: Nätet är inte schysst mot oss, det trycker ner oss – mer än vad en närstående bör göra. Elaka kommentarer är som knivar som vrids i oss, och ännu värre: *Frånvaron* av kommentarer gör att vi känner oss osedda. För att inte tala om det styng av sorg som vi känner i bröstet över andras lycka. Det finns en ständigt närvarande molande smärta på sociala medier. Ändå kommer vi tillbaka, trots att vi plågas av det. Ändå gör vi inte slut, fast vi mår dåligt.

Vi skulle antagligen må bra av att göra revolt mot det som förtrycker oss, som Legogubben. En timme in i filmen får han till slut nog av att vara förnedrad, och tillsammans med en massa andra Legogubbar mobiliserar han en revolution, och går till strid mot överheten.

Mina söner jublar i sina biostolar när det äntligen händer. Och jag tänker: Kommer det här någonsin hända igen i vår värld? Kommer vi någonsin göra revolt igen, mot *någonting*?

I dag publicerar vi oss ständigt på Twitter eller Facebook. Vi får hela tiden skriva av oss, och lätta på trycket. Vi *småtillfredsställs* – fast det vi skriver inte gör någon större skillnad.

När jag började blogga upplevde jag att jag var delaktig i en rörelse. Detta gjorde att jag inte kände behov av att bryta isoleringen. Problemet var att upplevelsen var en illusion. Jag *var* isolerad, men njöt så mycket av att jag över huvud taget blev hörd.

I historien har känslan av isolering varit avgörande för alla revolutioner, kulturella som politiska. En grupp människor känner sig osynliga och orättfärdigt behandlade och grips till slut av panik över att de inte kommer till tals – och så *agerar* de. Som i Legofilmen.

I dag är situationen en annan. Vi *får* synas – lite grann. Vi *får* komma till tals – lite grann. Detta kan innebära att vi är så pass tillfreds att vi inte tar tag i situationen på *riktigt*.

När filmen är slut och vi kommer ut på Hötorget slår mina

söner på sina mobiler. Med ansiktena upplysta av det blå skenet scrollar de igenom alla Instagraminlägg och tweets som postats under filmens gång. Jag vandrar en bit bakom och tänker på när jag till slut nådde bristningsgränsen och konfronterade min elaka flickvän. Då när jag lämnade henne en gång för alla. Frihetskänslan när jag vandrade över Hötorget var berusande. Starka friska dofter från fruktstånden, även den kvällen.

Det var jag som tog det slutgiltiga beslutet, och när jag väl bestämt mig gjorde jag det utan att orda särskilt mycket om det, och utan att vända mig om: Jag svarade aldrig när hon ringde, raderade hennes mejl, ville inte se tillbaka.

Trots att hon grät i timmar den sista kvällen, och bönade och bad mig att stanna, så vek jag inte en tum. Jag bara såg på henne där hon låg och kved på golvet och kunde inte ens känna medlidande, för det var precis så jag hade mått under varenda dag av detta fängelse till förhållande. Jag var utmattad, och stängde dörren om henne och gick därifrån utan att vända mig om.

Den försommarkvällen var en av mitt livs lyckligaste. All sorg var redan förverkad, alla tårar redan fallna, så jag kunde gå tvivellös ut i friheten.

Och efter att ha sett Legofilmen väcks nu drömmen – om att än en gång få vandra fri efter att ha konfronterat den elaka flickvännen: Att en dag kunna se klart på hur sociala medier egentligen får oss att må, och då lyckas göra revolt, hur småtillfredsställda vi än är.

Alex
TRE ÄRR

Under mitt och Sigges första möte, under en middag på restaurangen PA & CO, berättade han om hur han som artonåring på heltid började studera litteratur som hade med casinospel att göra. Han förkovrade sig i månader i de här böckerna. Till slut var han redo. Med 200 000 kronor på fickan tog han ett tåg mot Sydeuropa – för att spränga banken på Monacos casino. Han klädde sig i smoking, han rökte cigaretter och drack dry martinis.

Jag var imponerad där under middagen, nästan skakad. Han var arton år när allt detta skedde och jag minns att jag tänkte: Vad gjorde jag när jag var arton år? Jo, jag var hemma. Kollade video. På fredagarna hade vi familjekväll, för då var det *Det kommer mera* på SVT. Annars hängde jag mest på mitt rum. Det var ju skilda världar mellan mig och Sigge. Han var arton och det som kallas "ung vuxen" och jag var arton och det som kallas "ett lite äldre barn". Sigge reste i Hemingways fotspår, till Havanna och Spanien, drack rom och skrev på sin debutroman. Han reste till USA och förkovrade sig i litteratur och psykologi och upplevde romanser med high school-tjejer. Han upplevde

Den Stora Kärleken. Hon kom från Argentina, så klart. De åkte till Paris, så klart. De drack ett glas champagne vid Sacré-Cœur! De fotograferade slitna fasader på Place du Tertre! Han grät och hon grät. Skeendena! Dramatiken! Romantiken! Sigges tonår är en ungdomsroman. Mina tonår kan man egentligen sammanfatta i tre ord:

Chips.

Och.

Dipp.

Eller, om man ska använda fler ord, kan man sammanfatta dem i en berättelse om tre ärr.

Jag är fjorton år.

Jag sitter i min skolbänk och skriver min autograf i ett anteckningsblock. De säger att Magic Johnson har skrivit sin autograf 10 000 gånger i sitt liv. Jag vet inte, men jag tror att jag tar honom. Jag skriver autografer hela tiden, i block och på papper, i marginalen i skolböckerna, på vita ytor i *Dagens Nyheter* där hemma, på mjölkpaket och i försättsbladen till romanerna i pappas bokhylla. Det är en bra autograf. Det stora A:et som går in i det förfinade L:et och sedan blir bokstäverna alltmer otydliga ju längre in i mitt namn jag kommer. Namnteckningen slutar i ett horisontellt streck, som en flatline i hjärtmonitorn på sjukhus när någon dör. Det är en autograf skriven av en person i stor hast. Småpojkarna står i spelargången och sträcker förtvivlat ut sina autografblock mot mig i trängseln.

"Hör upp", säger Helge framme vid katedern.

Jag tittar upp från anteckningsblocket. Helge stänger dörren till klassrummet. När han märker att ingen lyssnar på honom så gör han som han alltid gör, det är Helges lilla trick: Han smyger bort till pianot och öppnar försiktigt pianolocket, och så står han där en stund och väntar och tittar ut över kaoset. Plötsligt drämmer han händerna med full kraft i klaviaturen. Han grimaserar och visar tänderna när han gör det. Han ser fånig ut, men det är en stor stund för Helge, kanske hans största. Ljudet ger effekt – alla är nu skrämda till tystnad och Helge återvänder belåten till katedern.

"Jaha, då var det dags igen", säger han och så plockar han upp en papperskorg och går med den genom klassen och sträcker fram den mot Johanna Stålberg.

"Bara att spotta", säger han.

Johanna plockar ut tuggummit och kastar det. Jag tycker om ögonblicket, för det gör att jag kan titta på Johanna Stålberg utan att väcka uppmärksamhet. Mycket energi går åt till det om dagarna, att hitta stunder där det är möjligt att obehindrat kunna titta på henne. När läraren ställer en fråga till Johanna och när hon svarar, då uppstår ett sådant fönster, då kan jag obehindrat vila blicken på henne. I övrigt är det svårt, för jag får inte avslöja mig. Ingen får veta vidden av min besatthet av att se på henne. Jag vill titta på hennes hår, se henne när hon drar handen genom lockarna, magin som uppstår när de faller tillbaka på exakt samma plats.

Det är allt jag vill – titta på Johanna Stålberg.

Eller, det är inte allt jag vill.

Jag vill att hon suger av mig också.

Om Johanna Stålberg sägs det nämligen att hon ibland drar in killar på toan nere vid gympan och att hon suger deras kukar där inne. Det sägs att hon sugit femton, kanske till och med tjugo kukar inne på den toan. I klassen är det bara Dannes kuk som hon sugit. Det är i alla fall vad han påstår. Varje gång Danne berättar om hur det gick till den där eftermiddagen så samlas vi runt honom, märkligt tagna av vad han har att berätta. Att hon ibland suger kuk gör Johanna Stålbergs position unik bland killarna i klassen. Hon står över oss, för vi vet att när som helst kan hon ta någon av oss i handen och varsamt leda in en på toaletten nere vid gympan. Jag gör mig inga illusioner. Jag vet att hon väljer hundra andra killar hellre än mig. Men ändå. Jag kan inte låta bli att titta på henne. Johanna Stålberg är otrolig. Jag sitter alltid vid skolbänken precis bakom henne, jag känner doften av hennes schampo. Äpple eller vad det nu är. Jag fingrar på en kondom under bänken. Jag har haft den här kondomen i min plånbok i över två år. Den visar att jag menar allvar. Jag är inte bara någon som drömmer om att ha sex, vilken dag som helst kan det omvandlas i praktik. En buktande påminnelse i fejkskinnplånboken om att endera dagen kan det smälla till – och då gäller det att vara beredd. Det händer ofta att jag tar fram kondomen, klämmer den mellan tumme och pekfinger, känner hur den simmar runt i sitt eget glidmedel där inne. Den bär på så många oklara löften.

En gång var RFSU på besök i skolan, de hade en stor skål med kondomer, jag ville så gärna ta några, men vågade inte. Jag cirkulerade kring deras stånd, men passerade i panik varje gång. En gång köpte jag kondomer själv på Pressbyrån. Ett paket PROFIL med tio kondomer i. Jag satte mig på toan sedan och trädde på den första. Det var mitt livs största sexuella stund. Det fanns något starkt i det rent visuella! Jag tittade ner och fick en tydlig bild av hur det en gång kommer att se ut när det väl gäller. Den veckan gick jag ofta till toaletten med en kondom som brände i fickan. Jag trädde på och tittade på mig själv i spegeln. En gång trädde jag på en kondom inne på skoltoaletten. Det var otroligt, livsfarligt, som att ha sex offentligt. Skolkamraterna skramlade förbi bara en meter ifrån mig där utanför dörren utan att ha en aning om mina aktiviteter på toan. Där inne satt jag, vettskrämd och kåt och tittade på min egen penis. Jag kan fortfarande förnimma lukten av glidmedel. Det luktade knulla. Paketet tog slut snabbt och jag vågade inte köpa ett nytt, men en sista kondom har jag sparat, för skarpt läge. Det är den jag nu fingrar på under bänken, bara ett par meter från Johanna Stålberg. Jag spelar därmed ett högt spel, det är så jag lever farligt. Jag känner mig explosiv. Kanske beror det på att jag inte onanerar lika mycket numera. Förra året var galet – jag hade en mycket intensiv period i höstas. Jag använde en hudlotion som jag smorde in mig med under onanin. Men något gick fel. Den var parfymerad och den otroliga mängden onani gjorde att könet blev skadat på något sätt. Det brände som eld. Jag gick till läkaren, i smyg. Jag berättade allt för läkaren. Allt. Han sa att huden runt penis inte fått vila på länge på grund av att jag överanvänt den här lotionen, och att det skadat huden så hårt att det skapats en ärrbildning. Han sa att det kommer att bli bättre om jag slutar med lotionen, men en del av ärret skulle aldrig försvinna.

Johanna Stålberg har en äldre kille. Ibland kommer han på sin moped till skolan och de hånglar med varandra vid parkbänken borta vid bron. Hon gör det med sådan finess, så avslappnat. Killen sitter bredbent på bänken och hon står framför honom, vänd mot honom, hennes knän vidrör hans mellangärde. Hon lägger armarna raklånga över hans axlar. Och så hånglar de. När jag passerar vill jag bara stanna och titta, men det gör jag ju aldrig så klart.

Lektionen har börjat, men Helge har åter släppt taget om klassen. Han står nu och förbereder sig med stenciler som han lägger i olika högar där framme vid katedern och långsamt ökar tjattret i klassrummet. Det är något med ljudet av trettiofem människor som pratar samtidigt. Jag blir trött av det, jag fastnar med blicken, får stirret, låter tankarna vandra. Tänker på bullret i rummet. Vad alla skriker. Var kommer all energi ifrån? Eller: Varför saknar jag den? Jag är så märkligt energilös. De andra springer när de ska ta sig från A till B, jag går alltid. De andra skriker, de är fyllda av någon slags fysisk desperation som verkar tillhöra den här åldern. Jag känner inte igen den, den är främmande för mig. Jag minns när jag skulle åka till Göteborg för att vara med i fotbollsturneringen Gothia Cup. Jag skulle vara borta fem dagar, pappa skjutsade mig till klubblokalen där bussen avgick. Han var stolt och högtidlig. "Du står inför de viktigaste matcherna i ditt liv", sa han. "Nu avgörs hela din framtid som fotbollsspelare. Var stolt, över dig själv och din klubb." Jag försökte känna något, försökte känna att NU AVGÖRS ALLT. Men det gick inte, jag kände ingenting.

När bussen åkte stod pappa kvar vid sin bil. Hans blick glödde. Han höjde en hand i skyn och knöt näven mot mig. Jag antar att han ville att jag skulle göra samma sak, men jag kunde inte. Jag vet inte hur man gör sådana där saker. Jag vinkade och så var pappa borta.

När pappa tog med mig på hockeymatch mellan AIK och Södertälje så skrek han av glädje när AIK gjorde mål. Jag kunde inte förmå mig. Jag var också glad och jag ville dela stunden med pappa, men jag kunde inte visa glädje på det sättet.

Denna märkliga energilöshet.

Jag tänker på den ofta där i skolbänken, för den gör att jag känner att jag inte passar in. Jag vet inte riktigt vad det är med mig. Jag minns att jag som litet barn kunde bli arg och skrika och leva ut, men det var länge sedan jag höjde rösten. Jag kommer inte ens ihåg när jag gjorde det sist. Jo, mot Timmy, min hund. Jag bär på aggressioner mot hunden. Jag har gjort saker mot honom som är fruktansvärda. En gång hade han kissat på golvet i vardagsrummet när jag kom hem från skolan. Jag blev rasande, lyfte upp Timmy och torkade upp kisset genom att gnida hans rygg fram och tillbaka över parkettgolvet. Jag var galen. Jag slog honom hårt över nosen, och sedan stoppade jag in den chockade hunden i en mörk garderob där han skulle skämmas. Han låg där inne länge, jag var uppfylld av det på något sätt. Sedan kom min bror hem, jag minns att han ropade på Timmy, men hunden vågade inte ge ifrån sig ett ljud från garderoben. För han var så rädd för mig. Det var något med den där rädslan jag fick honom att känna för mig. Att jag var fruktad. Det gjorde mig upphetsad. Det var först dagen efter jag mådde dåligt över vad jag hade gjort.

Som på kemin, när vi skulle kontrollera om en lösning var sur eller basisk genom att doppa lackmuspapper i den och Danne kom på idén att kolla om Hanna Jakobssons fitta var sur eller basisk och han brottade ner henne till marken och tvingade in ett lackmuspapper under hennes trosor. Hon skrek vilt och sparkade, hon fick panik.

Som kinesen som äger Närlivs på Larsboda plan. Danne och Seba brukar gå dit och snatta godis på rasterna. Ett par gånger har jag fått komma med. Han är så hjälplös, kinesen. Han talar bruten svenska, killarna i klassen kallar honom "Leddebaua", för det är så det låter när han jämrande ropar "lägg tillbaka" om godiset vi stoppat på oss. Seba stoppar numera chokladkakor i sina fickor utan att ens tänka på att någon ser, det är som att kinesen inte finns och han ropar: "Lägg tillbaka! Lägg tillbaka!" Och Seba skrattar och härmar honom: "Leddebaua! Leddebaua!" Mannen bakom disken ser så ledsen ut när vi vandrar ut ur butiken. Inte vet jag om Seba funderar något mer på honom sedan, men jag gör det. Jag är inte bekant med elakheten. Jag deltar i den, men den känns alltid främmande för mig. Jag har aldrig upplevt mig själv som en elak person. Och ändå, jag deltar.

Det här är en lektion som aldrig börjar och jag har fastnat med blicken och när man gör det så ser man utan att se. Jag är inte medveten om att jag fäst blicken i Johanna Stålbergs nacke. Och jag ser inte att hon vänder sig om och tittar på mig. Jag tittar in i hennes ansikte utan att se det. Hon tittar tillbaka. Jag hör liksom i fjärran hur någon säger: "Vad fan stirrar du på?" Men jag är i mina egna tankar, och för Johanna Stålberg måste det ju vara motbjudande att se mig sitta där och bara titta på henne utan att svara.

"Ditt jävla äckel", säger hon till slut och hon säger det så högt att jag vaknar upp ur mitt tillstånd. Jag vill förklara för Johanna Stålberg att jag inte var medveten om att jag tittade på henne, men hon har redan vänt sig om. Jag vill inte att hon ska göra sig en bild av mig som något äckel.

"Johanna", säger jag.

Men hon reagerar inte.

"Johanna, jag vill förklara", säger jag och jag ska just göra det när jag hör det öronbedövande ljudet av två händer som drämmer in i pianoklaviaturen framme vid katedern.

Vår lärare i engelska heter Elisabeth. Hon besväras av handeksem och bär därför vita handskar under lektionerna. Det gör att hon är fumlig när hon ska plocka upp kritorna till svarta tavlan. Hon får inte upp dem helt enkelt, ibland får hon fnittrande be någon i klassen om hjälp. Ibland tar hon mitt under lektionerna av sig den ena handsken och behandlar med hydrokortison. Då stannar hela klassen upp och tittar. Hon ser ut som Michael Jackson. Den ena handen är vit, den andra glänser flottigt under lysrörsskenet. Det är fnasigt och rött och blankt och det ser ut att göra ont. När vi får tillbaka våra prov finns det ofta fettfläckar på pappren, det är kortisonet från hennes hand som färgat av sig. Ett par gånger har Elisabeth markerat fläcken med en pil och skrivit: "Ursäkta!" Klassen gillar Elisabeth. Hon står upp för sina sjuka händer och det uppskattar vi. Jag fascineras av hennes sätt att så bekymmersfritt hantera sitt eksem. Jag känner väl ett släktskap med henne – jag har också sjuka händer. Jag har en vårta mitt i handflatan. Den sitter verkligen mitt i handflatan. Den är så symmetrisk att det ser ut som en tanke. Jag har haft den i många år, men den började ställa till problem först för ett par månader sedan när mamma tvingade mig att behandla vårtan med lapis. Det gjorde inte att vårtan försvann, men däremot att den markerades tydligare. Medlet var som en skrikande signal, ett sätt att uppmärksamma hela klassen på att det fanns något av intresse i min handflata. Den blå färgen av lapis skrek: "Titta hit! Här finns en vårta!" Det var framför allt tjejerna i klassen som var äcklade, de ville inte vara i närheten av mig. Efter det ville jag inte använda lapis, jag valde vårtan före medlet och har nu lärt mig att vandra genom terminen med ständigt lätt knuten näve. Det har satt sig i ryggmärgen, jag döljer vårtan lika skickligt som mormor döljer sina gula, sargade tänder med handen när hon skrattar.

Omständigheterna är mystiska nere i träslöjden. Vi vet inte riktigt vad det är vi håller på med när vi är där. Vi blir alla satta i arbete, men ingen får någonsin veta syftet. Någon ska klippa i plåt, men ingen kan förklara vad plåtbiten sedan ska användas till. En annan ska borra i en planka, men vad hålet sedan är till för är höljt i dunkel. Vi gör ingenting, vi bygger ingenting. Vi borrar hål och sågar itu och sedan blir det rast och förvirrade vandrar vi därifrån. Så har det inte alltid varit i träslöjden. I början fick vi göra det vi ville. Alla gjorde kaststjärnor. Alla ville svarva basebollträn. Killarna i klassen såg träslöjden som ett sätt att införskaffa vapen. Sedan satte träslöjdsläraren stopp för det där, han förbjöd kaststjärnor helt och hållet. I övrigt bryr han sig inte om vad vi gör. Han är själv upptagen med ett enormt projekt. Han ska bygga en båt som han ska segla jorden runt med. Det allra mesta undgår därför hans radar. Helge fascinerar mig i sitt magnifika ointresse för oss. Jag får i uppdrag att såga ut en rund platta i plywood med hjälp av en bågfil. Det är den information jag har. Jag vet inget mer. Träslöjdsläraren visar hur man fäster skivan i arbetsbänken. Han står böjd över mig och skruvar med städen och luktar fika ur munnen. Han börjar såga i skivan för att hjälpa mig på traven, fyra, fem, sex snabba drag och så säger han "sådärja" och försvinner. Jag står kvar och betraktar Helges arbete, den sågade linjen genom skivan. Den är fullständigt rät. Det är inte klokt. Hur går det till? Att kunna såga fullständigt rakt genom en plywoodskiva, det är att vara vuxen. Jag minns när jag var mycket liten, fem år. Jag badade i badkaret med mamma. Tvålen ramlade från kanten ner i vattnet. Jag försökte fånga den, men den gled hela tiden undan. Det var frustrerande. Mamma plockade upp tvålen och gav den till mig. Det var otroligt. Jag sa ingenting till henne, men jag tänkte på det mycket sedan. Att kunna plocka upp en tvål i ett badkar är att vara vuxen.

När jag är färdig med skivan ska jag göra ett hål i den med borrmaskinen. Jag väljer storlek på borren och passar in den i hålet och fäster den med hjälp av skruvnyckeln. Jag ska kontrollera att borren inte vobblar genom att snabbt sätta på borren, men jag glömmer att jag har kvar handen i skruvnyckeln som sitter i borren. När jag slår på borren så flyger nyckeln i väg, den bänds blixtsnabbt ur mitt grepp. Jag känner direkt att något gått fel. Jag blöder på handen. En av fingrarna gör helvetes ont. Jag tittar upp, ingen har märkt vad som hänt. Jag stoppar snabbt handen i fickan. Pulsen slår i byxan. Blodet rinner igenom jeanstyget, jag känner det på låret, det bildar en fläck på byxorna. Fläcken blir större. Det går väl någon minut. Jag låtsas dona med borrarna.

"Vad fan är det där?" Seba ropar över hela klassrummet och pekar mot min gylf. "Det är blod", ropar Seba och går emot mig.

"HEY", ropar träslöjdsläraren från sitt räcke.

Träslöjdsläraren säger "hey" som om han kom från USA.

"Tillbaka till din plats, Seba!"

"Men han blöder ju", ropar Seba och fortsätter leende färden mot mig.

Alla blickar är nu riktade mot mig och Seba. Jag fortsätter att greja med borrarna.

"Få se på handen", säger Seba. Han drar i min arm, men jag håller kvar handen i byxfickan. Seba drar hårdare, alla närmar sig för att titta. Det rinner blod nedför benet, jag håller emot Sebas ryckande.

"Få se", ropar Seba.

"HEY", ryter träslöjdsläraren och så hör jag nyckelrasslet igen, han är på väg i stor hast, faror från alla håll. Jag fylls av en otydlig hopplöshet. Helge tittar med stora ögon på blodfläcken alldeles till vänster om min gylf.

"Men herregud", mumlar han, och så börjar också han att dra i min hand. "Få se på det där, på en gång!"

Det är någonting med de där stunderna av ren panik. Jag blir hyperperceptiv, jag tar in allt, de fina detaljerna. Saltavlagringarna på fönsterrutorna ut mot skolgården. Ljudet av bilarna från en trafikerad gata ganska långt borta. Spikarna som någon hamrat djupt ner i arbetsbänken – jag förstår inte hur man lyckats hamra ner spikarna djupare än träet. Det blanknötta stengolvet med fossilmärken, det ligger damm och sågspån där.

"Få se på handen", ryter träslöjdsläraren.

Och då har jag inget val. Jag lyfter upp min blodiga hand och träslöjdsläraren blir egendomligt uppspelt, skakad. Han tittar sig omkring, stora ögon. Jag blir rädd av att han ser så rädd ut.

"Du måste till syster på en gång." Jag skyndar i väg, ut i korridoren och hör bullret försvinna bakom mig. Det gör fruktansvärt ont i handen.

"Såg ni fläcken på byxorna? Mitt över kuken! Det såg ut som att han hade pissat blod", ropar Seba.

Skratt.

"HEY", ryter träslöjdsläraren. "Det där lägger ni av med på en gång."

Syster tittar på såret med stora ögon.

Hon ringer mina föräldrar med skakiga händer. Vi åker till Södersjukhuset. De syr åtta stygn. Ärret ser ut som ett stort V. Läkarna sparar inte på krutet. De lägger om mer än de behöver, de bandagerar hela handen, de mumifierar den fullständigt. Jag ser krigsskadad ut när jag kommer till skolan dagen efter. Några skrattar åt mig när jag kommer in i klassrummet, alla tittar. Jag orkar inte mer. Jag vänder och går. Jag vill inte vara här.

Jag går över torget, passerar kinesens tobakshandel. Jag är vild i huvudet och varm. Jag går fortare. Jag ser mig själv speglas i skyltfönstren, ser min framåtlutade gångstil. Ser hur jag kupar högerhanden, håller den intill kroppen så att ingen ska se min hemlighet.

Jag vet inte riktigt vad som händer. Jag får nog. Jag fylls av någon typ av raseri. Jag öppnar handflatan så mycket jag kan och för den till munnen. Jag biter tag i vårtan och sliter ur den med tänderna.

Med full kraft.
Hela roten följer med.
Det följer med mycket kött. Det blöder ymnigt.
Jag spottar ut köttslamsorna. Blod runt munnen. Jag inser att det kommer att bli ett ärr av det där, men jag känner mig på något sätt förlöst.
Jag är inte energilös.
Jag kan bita av vårtor.

KAPITEL 5

ATT HINNA I KAPP SITT JAG

•

Där Alex åker i karavan till sitt torp från barndomen för att nysta i näten, plocka smörblommor och långsamt bli genomskinlig

Där Sigge blir attackerad, börjar nysta i det förflutna, söker sin kärna och därefter bryter ihop

Alex
KARAVANEN

Jag sätter mig i bilen för att åka till vårt gamla landställe i Värmland, där jag tillbringade alla somrar i min barndom. Jag tar den södra vägen, naturligtvis. Bara amatörer skulle åka den norra vägen via Västerås. Jag kan den här vägen utan och innan.

Resan är fyrtiofem mil lång, men trettio år bred.

Det gör något med en att åka så brett, det är nästan fysiskt, som att det värker i lederna. Jag stannar vid en mack i Arboga för att tanka. Står och blickar ut över just ingenting medan jag väntar på att tanken ska fyllas. Då slår det mig plötsligt. Den här bensinmacken. Precis vid den här pumpen. Jag har varit här förut. Jag är sju år gammal. Det är första dagen på semestern och vi ska tanka och sedan åka vidare mot torpet. När vi tankar måste allt gå väldigt fort, annars förlorar vi tid. Mamma går bort en bit och röker och jag har fått pappas tillåtelse att tanka.

Jag ser mig själv!

Lille pojken som kastar sig ur bilen.

Jag ska få tanka själv!

Minnet är så påtagligt att jag måste ta ett steg tillbaka för att ge pojken plats när han springer runt bilen och skruvar upp tanklocket. Men det går inte bra. Jag spiller bensin på mina byxor och pappa blir mycket arg, för nu stinker det bensin om mina kläder. Pappa ryter att jag är en "klump" och jag skäms. Vi åker i väg. Det är före luftkonditioneringens tid, korta shorts och pojklår som klibbar mot varandra. Bensinlukt i hela bilen. Vi öppnar alla fönster, pappas kalufs flyger i vinden. Vi blir vänner sedan. Pappa sträcker handen bak mot mig och jag tar den och han säger "puss, min pojke".

Minnet är så omedelbart att det känns som att allt händer här och nu, parallellt. Alltså: Jag åkte just i väg med bensin på byxorna och jag står samtidigt kvar här och tankar.

Tiden är inte kronologisk.

Jag lämnar tankstationen med slangen fortfarande doppad i bilen och går mot vägen. Står vid vägrenen och tittar ut över bilarna som i hög fart pilar förbi på E20. Om jag tittar noga så kan jag se mig själv åka förbi, om och om igen, olika versioner av mig själv i olika åldrar, på väg mot Värmland, första dagen på semestern. Det är en karavan av mig själv på väg till torpet, det är ett mäktigt tåg, det är som om vi bestämt oss för att samlas här. Vi har stormöte med oss själva. Som om vi ska se vad det blev av oss. Alla olika versioner av pojken.

Där kommer en blå Volvo 245. Där sitter jag, mellan två bröder i mitten där bak. Jag är nio år, pappa har bråttom till torpet, för det mörknar och pappa tycker inte om att köra när det är "skumt" ute. Plötsligt skriker mamma där framme. "Du kan inte köra om här!" Men pappa säger "äsch" och accelererar och det rycker till och motorn vrålar och en mötande bilist ger helljus på helljus och ett förtvivlat tutande passerar blixtsnabbt när vi smiter tillbaka in i tryggheten i den egna filen. Jag har lyft blicken från min Kalle Anka-pocket och bevakar situationen, gör mig beredd på ett bråk som alltid kommer. Och de skriker och tystnar efter en stund och sitter stumma och till slut säger pappa "puss", men mamma är fortfarande inte redo. Pappas hand är utsträckt mot mamma, men hon tar den inte och den faller och landar mjukt på växelspaken. Det är så tyst i bilen, bara sjörapporten hörs på radion.

Där åker jag förbi igen!

Jag är elva år. Vi är bara fyra i bilen, pappa är redan på torpet och väntar på oss. Vi är tre barn som turas om att sitta fram. Att sitta fram är allt. Att sitta vid instrumentpanelen, att känna elektroniken nära, att hjälpa mamma ställa in radion när den börjar surra, att kunna fälla sätet så att man nästan ligger. Vi barn turas om vänligt, kryper fram och tillbaka mellan fram- och baksätet, men vi har rest länge och till slut blir det bråk, någon som sitter för länge och vägrar byta. Upprörda röster, mamma griper in. Hon säger att vi är "sinnessjuka". Hon säger åt oss att vara tysta.

Men ilskan gror i baksätet.

Bråket fortsätter.

"Fine!"

Mamma skriker plötsligt. Det är oväntat. Jag var inte beredd på det.

"Då vänder vi bilen och åker hem."

Mamma bromsar så hårt att det känns farligt, hon stannar bilen helt och vänder på landsvägen och river i väg åt motsatt håll. Allt faller. Vi sitter tysta, mamma kör mycket fort. Oro i kroppen. Vad är det som pågår? Vad händer nu med semestern? Ska vi åka hem? Jag sitter där bak och försöker förstå vidden av mina felsteg. Jag ritar om hela kartan för den här sommaren. Söker svar från mamma där fram, men där är det bara tyst. Vi är stumma och rädda. Mamma kör snabbt och sammanbitet. Det går tio minuter. Sedan tvärbromsar hon igen och svänger tillbaka, åt rätt håll, mot torpet och pappa. Vi pratar inte om det sedan.

Där är jag igen!

Jag är tolv. Det är mamma som kör. Då går det fort. Ibland

kör hon i hundrafyrtio kilometer i timmen. Vi blir stannade av polisen. En säkring har gått i en lampa och ena blinkern har fått spader. Jag ser ljudlöst hur mamma står i vinddraget vid vägrenen framför bilen och dividerar med poliserna. De pekar på bilen och håller på. Vi får åka vidare. "Det här ska vi fira med glass på nästa mack!" ropar pappa. Tre barn där bak jublar.

Jag ser bilarna passera, en efter en. Det är en karavan av mig själv, på väg till torpet. Bilen är fulltankad. Jag betalar i brådska, jag måste åka, jag måste åka efter för att se vad det blir av oss.

Jag åker fyrtiofem mil, resan tar trettio år.

Jag anländer till torpet sent, när solen står lågt, åker nedför en igenvuxen grusväg, buskar rasslar under karossen. Och där ligger sjön, den är kvar, jag ser den redan genom träden, ser solen blänka i vattnet. Det ser ut som förr, som alltid. Och där står den röda trästugan. Jag känner mig beskyddad inne i bilen så jag sitter kvar en stund, tittar på torpet som tittar tillbaka på mig. När jag öppnar dörren så är det som att en lång rad fullständigt ljudlösa explosioner briserar inom mig. Det är så rikt på information, så förtätat. Jag stänger bildörren och hör samtidigt tvåhundra andra bildörrar smällas igen, och ett myller av mig själv springer ut på gräset, alla pojkarna sprider ut sig åt olika håll. Det är första dagen på semestern! Någon springer in till mitt sovrum för att se vilka leksaker som jag lämnat kvar från sommaren innan. En annan springer ner till vattnet för att se på dammen. En tredje tar sig bort till uthuset och plockar fram höjdhoppsställningen.

Själv blir jag rådvill. Jag har inte varit här på så många år. Jag vågar inte riktigt gå in i torpet än. Jag går upp ovanför huset, upp i skogen. Den är tät och lutar sig ut över grusvägen från båda hållen. Säg en yta här, säg vilken som helst och jag har någon gång trampat på den. Jag kan varenda sten i den där skogen, varenda knäckt björk, varenda knivig passage. Det var i den här skogen jag rymde hemifrån första gången – fyrtiofem skakande minuter när mamma ropade på mig från grusvägen och jag satt och hukade bakom en sten. Det var så farligt! Nu var det på riktigt! Jag skulle aldrig mer komma tillbaka! Lite längre upp finns det bär, där satt vi bröder på huk och plockade blåbär och smällde myggor mot nackarna. Det går en traktorstig där borta, vattnet samlas i hjulspåren efter regn. Om man följer spåren tornar snart ett mäktigt elverk upp sig. Gul skylt med texten LIVSFARLIG LEDNING. Där fick vi inte gå och det gjorde vi inte heller. Jag passerar en myrstack. Plötsliga, plågsamma minnen av hur jag skadade dem. Det hände att jag tog med ett förstoringsglas upp i skogen och så riktade jag den koncentrerade solstrålen rakt in i stacken och brände dem. Jag minns den märkliga upphetsningen när de fräste och dog. Och på kvällen kom ångesten när jag insett vad jag gjort. Ibland tog jag och pappa en promenad i den här skogen. Vi hittade djurspillning. "Det är älg", sa pappa och petade i bajset med en pinne och tittade bistert ut över växtligheten. Jag hittade en svamp, men pappa sa att jag inte skulle röra den, för den var giftig och pappa var kolossal i sin kunskap. Hur kunde han veta alla de här sakerna?

Jag går in i torpet. Det är sent, jag borde sova. Jag lägger mig i sängen, i den säng jag sovit i under alla år. Jag släcker lampan, versionerna av mig släcker också. Vi ligger där i mörkret, allihop. Jag hör hur vi andas.

Livet är inte kronologiskt.

Bilderna är så starka att de tränger undan mig. Det är som att minnena undrar vad jag gör här. Den här platsen har en försvagande effekt på mig. Jaget försvinner, nuet försvinner. Det som jag trott var "jag" och "nu" är i själva verket bara den senaste versionen av mig själv. Det yttersta lagret. Men kärnan är inte "nu". Kärnan är "då". Här är de andra versionerna starkare, de tar över, ju längre jag är här, desto mer försvinner jag.

När jag vaknar nästa morgon finns jag knappt kvar. Jag är genomskinlig. Jag hör pappa ropa på mig från köket, men det är inte på mig han ropar. Det är på pojken som ligger kvar i sängen här, som sträcker på den lilla pojkkroppen. Pappa sticker in huvudet, han har ett halmstrå i munnen, han ler mot mig.

"God morgon, min pojke. Näten väntar."

Pyjamaspojken kastar sig upp. Jag ligger kvar och tittar efter honom när han springer ut i solen, rakt förbi mamma som sitter på uteplatsen och dricker kaffe och löser ett korsord, ner mot båthuset och så ut på sjön i ekan. Jag får ro medan pappa drar upp näten. Årorna som sänks i det svarta, blanka vattnet. Pappa som nystar med ett rep som ska sitta i en boj. Fiskfjäll som glittrar nere i djupet. Det blir en fin fångst, tre gäddor, två abborrar. "Den där väger ett och ett halvt", säger pappa och pekar på en av fiskarna. Jag förstår inte hur han kan veta sådana saker. Jag håller pappa sällskap sedan när han nystar i näten vid båthuset. Pappa vänder koncentrerat på maskorna. När en fisk håller på att lossna ropar pappa "passopp" och då står jag beredd med en röd hink som den trillar ner i. Jag sitter på huk och tittar på fiskarna. Några är livfulla, vänder sig ursinnigt och slår mot hinkkanten. Andra faller ner orörliga, med bågnande ögon och gälar som häver sig. Rester av fiskfjäll i nätet, jag ser hålet i maskorna från den där gången då det fastnade en stubbe i nätet. Pappa hummar och ber mig hålla i en stump. Vi pratar inte just, jag och pappa, ibland mumlar han "äsch" när hans manöver med nätet ger motsatt effekt och då upprepar jag det – "äsch" – och sedan står vi åter tysta i morgonsolen. Pappa är otroligt skicklig, några av de där sakerna han gör, när han vänder ut och in på nätet som plötsligt reder upp sig fullständigt framför oss, det är som magi. Vi står länge. Jag finns hela tiden nära om pappa skulle behöva hjälp. Efter en stund tittar han på mig och ler mot mig, så rufsar han mig lite i håret och säger: "Hej, min pojke." Och så återgår han till nätet.

Vad skulle jag ge för att få uppleva den stunden igen? Bara den minuten nere vid sjön, när pappa tittar på mig med ett leende och rufsar mig i håret. Vad skulle jag ge? Allt, tror jag. Det är så fullt av liv här, och så fullständigt öde. Hela familjen är här, alla är borta. Det är som att det händer, om och om igen, men det händer ingenting. Pappa står där nere med mig just nu och nystar näten. Var jag lycklig eller olycklig här? Var det bra eller dåligt? Alla platser här på torpet ger olika svar.

Smörblommorna.

Uppe över skänken i vardagsrummet tittar torkade smörblommor fram. Det var jag som plockade dem, för trettio år sedan. Mamma och pappa lovade mig fem kronor för varje bukett jag plockade. Jag sprang ut på ängen i höga stövlar, det var skymning och vått i gräset. När jag plockat en bukett så sprang jag tillbaka till mamma och pappa som satt på uteplatsen och mamma ropade "bravo" och jag lämnade över buketten och sprang ut till ängen igen. Och så där höll det på, bukett efter bukett. Samma jubel från mamma och pappa när jag kom tillbaka med en ny. Men så mörknade stämningen. Mamma tittade på den bukett jag just lämnat över. "Men vad är det här? Buketterna blir ju bara mindre och mindre", sa hon och tittade upp mot mig med avsmak. Jag försökte väl svara något, men hon avbröt mig, med gäll röst: "Du försöker lura oss!"

Jag vet fortfarande inte hur det låg till. Buketten kanske var mindre än de andra, men det var inte medvetet. Det vet jag. Det kanske bara blev så, av misstag. Jag försökte förklara för mamma, men hon hade redan rest sig. "Jag går och lägger mig", sa hon till pappa och försvann in i huset.

Den här stentrappan. Här grät jag en gång utan att jag kunde förklara varför. Jag har tagit Baddaren på utomhusbadet i Hagfors och har fäst märket på min badrock. Jag kommer med pappa från bilen, fortfarande blöt i håret och blå om läpparna, jag lösgör mig från pappa och springer sista biten och mamma står där på toppen av stentrappan med händerna uppsträckta och jag visar märket för henne. "Min gubbe", säger hon och lyfter upp mig och snurrar mig runt, runt och det händer något med mig då. Kanske är det så enkelt som att jag får en kram, att jag känner att det inte är farligt här. Det finns inget att vara orolig för. Just nu, i den här kramen mellan mig och min mamma, är allt som det ska vara.

Det här är allt jag vill.

Jag släpper allt. Jag blir tung i kroppen, jag slappnar av i hennes grepp, jag blundar och känner gravitationen, lealös och lycklig roterar jag runt henne, runt min mamma, min egen mamma, kärnan av allt. "Min fina gubbe", säger hon och jag gråter och det är oförklarligt, för jag är ju så glad. Mamma sätter sig på stentrappan med mig i knäet.

"Varför gråter du, älskling?"

Hon stryker sin hand genom mitt hår.

"Min fina, fina gubbe."

Jag gråter och gråter.

Samma stentrappa.

Jag är femton år. Jag ska åka hem tidigare till Stockholm till vattenfestivalen. Jag ska ta bussen från Hagfors, men jag har inga pengar och ber pappa om hjälp. Pappa vill hjälpa, men han har inga kontanter. Han kollar i alla fickor, han tittar sig rådvill omkring. Han tittar bort mot den stängda sovrumsdörren. Både jag och han vet att det här är farligt. Mamma har haft en "dålig natt" och sover mitt på dagen. Pappa öppnar försiktigt dörren till sovrummet och stänger den bakom sig. Pappa försöker väcka mamma försiktigt, han vet att det här är skört. Jag hör inte riktigt vad de säger, dova röster genom träet. Så hör jag mammas röst, plötsligt tydlig och skarp: "Så han vill ha mina pengar?"

Jag känner det så starkt, det här är inte bra.

Det blir rörelse i rummet. Jag hör mammas barfotafötter över golvet, hon går snabbt, jag hör pappa säga "lugn nu, älskling" och hon svarar gällt: "Jag är lugn!"

Jag går ut, jag vill inte vara med om det här. I nästa sekund flyger dörren upp. Mamma ser mig. I handen har hon en spargris i keramik, hon tar några steg emot mig, hon ställer sig på toppen av stentrappan.

Jag ser det i hennes blick. Hon hatar mig.

"Här har du pengar", säger hon och kastar med full kraft spargrisen i stenen framför mina fötter. Den går i tusen bitar. Mynt och sedlar sprids över trappan och gräset. Hon vänder tillbaka mot sovrummet och smäller igen dörren. Jag står kvar, blickstilla. Jag kan inte röra mig. Jag har inga tankar, det är stumt i huvudet, det susar lite bara. Jag tittar ner över förödelsen, alla mynten. Jag vill gå och aldrig mer komma tillbaka. Men jag kan inte, för bussen kostar tvåhundrafemtio kronor – och jag har inga pengar. Jag går ner på knä. Jag plockar upp sedlar och mynt. Räknar noga så att jag inte tar mer än vad jag behöver. Pappa kommer och hjälper till. Vi sitter på knä och plockar med mynten.

"Hon har haft en dålig natt", säger pappa.

Jag bestämmer mig för att åka härifrån. Jag fattar beslutet snabbt, jag packar omedelbart, fem minuter senare sitter jag i bilen. Jag åker uppför den steniga vägen med den glittrande sjön i ryggen. Jag tar den södra vägen mot Stockholm, naturligtvis. Bara amatörer skulle åka den norra vägen via Västerås. De smala landsvägarna med skog på båda sidor. De små ortsnamnen med gula skyltar som man lärt sig utantill genom åren.

Mossfallet.

Motjärnshyttan.

Gumhöjden.

Plötsligt möter jag en trafikfara, en mötande bil har stannat mitt på vägen. Föraren försöker vända mitt på landsvägen. Jag bromsar kraftigt och krypkör förbi bilen, tittar in genom fönsterrutorna på den. Det är mamma som kör. Jag ser mig själv där bak – oroligt blickar pojken ut genom fönsterrutan när bilen vänder tillbaka i motsatt riktning.

Sigge

SAMMANBROTT OCH GENOMBROTT

"Kanske är vi till slut vuxna", säger min fru. Jag och Malin sitter i soffan sent på kvällen. Tidigare samma dag har vi skrivit under kontraktet till en ny lägenhet. Ja, kanske är vi till slut vuxna, tänker jag, för det känns symboliskt att vi för första gången i vårt gemensamma liv kommer att bo på en yta där vi slipper trängas. Vi trängdes i vår första etta, som vi levde i innan vi fick barn. Efter det trängdes vi med barnen, i trean i Göteborg. För första gången kommer nu alla i familjen ha varsitt rum, vilket känns – vuxet. Vi sitter tysta och ser ut över den lägenhet som vi bott i de senaste sju åren. Och jag skulle nog fortfarande ha svårt att tro på vad som hänt, om det inte var för de fyrtio tomma flyttlådorna som står i hallen.

För att fira köpet åker vi till London med Alex och Amanda den kommande helgen. Barnfri och lycklig dricker jag vodka som vatten. Till desserten föreslår Amanda att vi ska leka en lek och beskriva varandras styrkor och svagheter. När det är hennes tur tittar hon på mig och säger: "Du har murar, högre än du själv anar."

Jag ber henne utveckla. Hon säger: "Du är analytisk och logisk, och det är ett skydd som du har, mot världen."

Med upprörd röst säger jag: "Jag ogillar den där endimensionella beskrivningen av personligheter ... att vi är produkter av en uppväxt som vi skyddar oss mot." Och så berättar jag för henne att jag inte upplever att den här personligheten växt fram, utan att den fanns där redan från början, från födseln alltså. Att "skydd" därför är fel ord. Jag föreslår termen *läggning* i stället. Men sedan hejdar jag mig. Tar mig själv i kragen och tystnar. Uppmanar sedan gruppen att beställa in shots, låtsas garva åt allt, lägger mig platt. Jag vet inte exakt vad som får mig att återfå kontrollen, men plötsligt ser jag mig själv utifrån: En skräckslagen och hotad person som protesterar mot hur någon annan upplever den. Den är per definition avslöjad.

Jag får en obehaglig påminnelse om hur mycket jag höll på med sådant förr. Med flickvänner, med vänner. Att vi gick till attack mot varandra. Kände oss hotade av varandra – och slog mot varandra genom att recensera varandras personligheter och försvara de egna. Varje gång slutade det med att klyftan var större efter diskussionen än när den inletts.

Hemma i Stockholm igen är det dags att förbereda flytten. En hel lägenhet ska packas ner i flyttlådor och jag börjar med att gå upp på vinden.

Det är dags nu, att ta sig an det förflutna.

I flera månader har jag skjutit upp det, men nu är det dags.

Drömmen lever – om att det är möjligt att flytta ifrån sig själv. Jag vet så klart att det är svårt, men jag fantiserar ändå om att en flytt per automatik ska innebära *ett nytt kapitel i livet*.

Jag behöver ett sådant. Det märktes i London, inte minst, när Amanda konfronterade mig. Jag var oskyddad och höll upp en skyddande hand framför ansiktet. Jag ser hur jag gör samma sak mot Malin, allt oftare nu. Hon kan påpeka något misstag jag gjort, eller anmärka på någon replik, och jag flyr direkt till ett annat rum, som om jag vore hotad till livet.

Jag sjunker – och jag hatar mig själv för att jag vägrar ropa på hjälp.

Det var något som etablerades under skilsmässan, att problem bär man på ensam. Jag var ju *ensam* när jag låg i den där sängen, när mina föräldrar gick sönder framför mig, och jag var *ensam* när jag konstaterade att det var omöjligt att förklara för någon utomstående vad som skedde. Jag var ensam när jag tänkte att vår familj var unik, för jag betraktade min mammas förälskelse och min pappas sammanbrott som en pinsam hemlighet. Jag visste ännu inte att alla familjer har sina tragedier, och att alla människor förr eller senare går sönder. Jag trodde vi var perversa, tragiska, och jag bar på hemligheten – ensam.

Ensam ska jag också hantera denna kris.

Jag sjunker, men om jag kämpar kan jag nog hitta tillbaka upp. Jag har gjort det förut. Så resonerar jag, när jag låser upp hänglåset till vindsutrymmet och lyfter ner flyttlådorna med alla minnen.

Vindsutrymmet måste ändå tömmas inför flytten, så tajmingen är utmärkt.

Jag tvekar en stund innan jag tar mig an den första lådan, men sedan sprättar jag upp tejpen och öppnar den. Det tar emot, men jag tänker att jag måste ge detta en chans – och undersöka om innehållet i lådorna kan hjälpa mig.

Det är en cykel, det är jag övertygad om, detta som jag hållit på med sedan skilsmässan. Sjunka, simma som besatt för att nå ytan, sjunka igen, simma igen, och så vidare.

Det är denna cykel som måste brytas, och då måste jag se mig själv utifrån, en gång för alla. Detta omöjliga kanske är möjligt ändå, med hjälp av alla dessa foton.

Jag sätter mig på en pall i dunklet med en tjock bunt foton i knäet. Försöker betrakta pojken på bilderna som en annan person än jag själv: *Han, den där killen, han mådde inte bra. Han, den där killen, oj vad han jobbade mycket.*

Jag låter sorterandet ta tid. Försjunker i minnen.

I London berättade Alex att han ibland föreställde sig olika versioner av sig själv passera honom på gatan. Att han kunde korsa Nybroplan och föreställa sig alla andra gånger han korsat Nybroplan, i olika åldrar, och att han då såg de här versionerna av sig själv med andra drivkrafter och andra personligheter. Han beskrev det som *en karavan av sig själv*.

På ett liknande sätt kan jag nu studera mig själv tack vare fotografierna. Men till skillnad från Alex är det inte olikheterna i åldrarna som fascinerar mig utan likheterna.

Jag sprider ut fotografier på golvet för att få översikt. Står lutad över dem i tystnad.

Kanske förändras vi inte så mycket som vi tror. På ett plan finns någon slags kärna som är konstant, och fotografierna är ett möjligt sätt att äntligen teckna dess konturer. Med så många bilder från så många olika perioder i livet borde det gå att fastställa om det finns någon röd tråd – någonting återkommande i blicken. Jag tänker alltså att jag – genom att titta på bilderna av mig själv som yngre – kanske kan "finta" mig själv. Våga se mig själv utifrån, såsom andra ser på mig. För pojkarna på bilderna är ju inte jag. Ändå delar vi kärnan; om den fanns där 1995, 2000 och 2005 så borde den finnas där i dag.

Jag söker, och hittar snart några konstanter. För det första att jag står utanför händelsernas centrum, på alla bilder.

Ett av de tidigaste fotografierna föreställer en kräftskiva på gräsmattan framför min farmors gård. Vid ett långbord sitter femton vuxna och intill det står ett litet barnbord där ett ensamt barn sitter och äter, utan sällskap. Det är jag, två år gammal. Mina föräldrar var de första i sin vänskapskrets som fick barn, tjugoett år gamla, och det fanns därför inga andra barn i min närhet att umgås med förrän jag blev tre, fyra – då endast bebisar. Tvååringen på bilden sitter tyst och ser in i kameran. Han har antagligen redan börjat vänja sig vid att betrakta världen utifrån.

Det andra som slår mig när jag tittar på bilderna är en konflikt, en inre konflikt som pågått hela livet, att jag lagt ner förbluffande mycket energi på att hålla egot i schack. Jag ser det på vartenda fotografi, i de ansträngda ansiktsuttrycken hos såväl tjugofemåringen som trettioåringen som trettiofemåringen. En inre energikrävande kamp som också den förmodligen härstammar från ensamheten i min barndom. Det finns otaliga bilder på mig när jag som barn sitter storögd och lyssnar på mina familjemedlemmars monologer. Jag är lyssnaren i det trånga rummet eftersom de andra tar upp så stor plats. Jag vill inte bli som dem, för jag känner av deras ensamhet redan när jag är liten, men samtidigt finns det ett stort behov hos den osynlige att bli synlig. Den konflikten ser jag i ögonen på pojken på fotona. Två starka krafter som han försöker balansera.

Den tredje röda tråden är min kamp mot blygheten. Detta att jag söker mig till scener fast jag är rädd för sociala sammanhang. Alla år i ensamhet gjorde att en scenskräck växte fram, samtidigt som jag desperat vill ut ur ensamheten, och därför hela tiden utmanar den.

Efter någon timme når jag botten på den sista lådan med bilder.

Jag sjunker ner på betonggolvet omgiven av alla högar med fotografier och sitter där länge och tänker.

Det är omöjligt att känna sig själv i nuet. Men när vi vänder oss om och betraktar oss själva genom tidens tratt kan vi se brottstycken av den vi har blivit. Men det är just brottstycken, och det är tveksamt om de är särskilt användbara. Frågan "Känner du dig själv?" är felställd. Vi borde snarare fråga: "Vågar du konstatera att du inte känner dig själv?" Det är ett projekt som är nästan lika svårt att nå i mål med som att känna sig själv. För vi får hela tiden *signaler* inifrån om att vi känner oss själva.

Två dagar senare står jag i lägenheten och ser ut över de stora tomma rummen, som snart är helt utplockade. I detta hem har vi levt i sju år. Alla foton är sorterade och nedpackade.

Det har blivit kväll och jag är stressad av vetskapen om att flyttfirman kommer nästa dag. Mina söner bråkar med varandra i vardagsrummet och min dotter rullar runt på golvet och skriker, trött efter dagis. Malin är i badrummet och duschar, och mitt i allt detta skär jag mig så att blodet flödar. Jag ser ner på fingret och ser hur det svartröda blodet droppar på golvet. I panik sträcker jag mig efter hushållspappret, och välter en porslinskaraff så att den faller till golvet och går sönder.

I samma stund ringer det på dörren. Det är fastighetsägaren som pekar på barnens stövlar i trapphuset. "Ni bryter mot fastighetens regler", skriker han.

Jag svarar att vi ska ta bort dem snart. Då tar han ett steg över tröskeln, sätter sitt finger i mitt bröst och säger: "Du ska göra det nu!"

Det slår slint i mig. Jag puttar ut honom genom dörren så att han snubblar ut i trapphuset. Jag hinner se hans uppspärrade och chockade blick innan dörren smäller igen mellan oss.

Sedan står jag stilla i hallen och lyssnar till min egen andhämtning och hör pulsen bulta i öronen.

Jag orkar inte. Flytten – jag ställer in den. Barnen – de får slå ihjäl varandra. Och för första gången sedan jag fick barn går jag rakt ut genom ytterdörren – för att jag *inte mäktar med.* Går, utan plan, utan mål. Och först när jag har småjoggat de fyra trapporna ner, vandrat femtio meter på gatan och rundar hörnet – och är på behörigt avstånd från platsen där sammanbrottet har skett – stannar jag upp.

Först där kan jag se det utifrån, och då kan jag konstatera att jag har brustit. Det här är något nytt. Att jag kände: Nu orkar jag inte mer.

Jag kommer att tänka på min mammas sammanbrott i ettan på Torsgatan, när jag är sexton. Hon har burit skilsmässan, gått igenom alla dessa nödvändiga men jobbiga steg som det innebär att separera med barn. Och hon har bitit ihop och gjort det på ett värdigt sätt, utan att visa oss hur hon har mått. Nu har vi kommit till ro i en ny lägenhet, hon, jag och min bror.

Förhållandet med den nye mannen är slut. Det varade bara ett halvår. Och min pappa är omgift med en ny kvinna.

Hon har inte så mycket pengar – det är tufft att plötsligt vara ensamstående familjeförsörjare – och just denna kväll beställer hon en pizza som vi ska dela på. En köttfärspizza med rinnig köttfärs. Och när hon lyfter över den från pappkartongen till tallriken så glider den ur hennes grepp och landar med köttfärssåsen nedåt på den nya soffan.

Och då brister hon.

Hon faller ihop, framåtlutad, som om hon fått en kniv i sig. Ljuden är gutturala, gurglande. Jag står som fastfrusen och ser på. Vänder mig mot min lillebror, och hans ansiktsuttryck är nästan lika skrämmande som min mammas. Hans ansikte är förvridet och handen täcker munnen som att han försöker hindra sig själv från att skrika rakt ut.

Det som hände mig var impulsivt. Jag skadade inte fastighetsägaren, men att putta honom och sedan lämna lägenheten och tänka att *pressen är för stor, jag förmår inte bära den längre*, är ändå ett slags sammanbrott. Det fick inte några dramatiska konsekvenser, jag slog inte barnen, jag sa inga ord som jag ångrar, men jag är ändå chockad. För jag tänker att om man har det i sig, att man kan brista, så kan man inte lita på sig själv.

Jag står på gatan utanför vår port och försöker förstå vad som händer.

Varför kan jag inte sluta sjunka?

Varför fungerar inte de gamla knepen?

När jag kommer tillbaka har ingen märkt att jag varit borta. Ingen har uppfattat vad som hände. Malin sitter vid datorn och jobbar och barnen sitter i köket, försjunkna i sina Ipads. Tyst smyger jag in i vardagsrummet, och sammanbiten fortsätter jag packa.

Jag har en hemlighet som de andra inte känner till. Tankarna rusar. Jag är oroad: Kanske har jag nu fått smak på det. Drömmen om att bryta ihop är inte bara en dröm längre.

Redan nästa kväll, när jag ska lägga Truls och Belle, händer det igen. Jag har försökt att få dem i säng i en timme, och till slut ger jag upp. I stället för att säga "dags att borsta tänderna" ännu en gång så går jag in i badrummet, lägger mig på smutstvätten, drar några tröjor över huvudet och pressar fingrarna mot öronen.

Innan jag somnar där bland kläderna hinner jag tänka: Vad sysslar jag med? Vem ska nu lägga barnen? Vem *är* jag? Men jag säger strängt till mig själv: "Dessa frågor vägrar jag besvara – för jag ger upp nu, jag erkänner för mig själv att jag är ett misslyckande – som förälder, som människa."

Vaknar i tystnad, i mörker. Alla sover.

Jag känner mig uttömd, lättare. Det känns bättre, som när jag var liten och hade gråtit.

Jag går in i vardagsrummet och börjar packa igen. Arbetar hårt. Slutar inte förrän jag fyllt varenda lådjävel. Då är klockan tre på natten. Utmattad sjunker jag ihop i soffan och betraktar stolt mitt verk. Nästa morgon kommer flyttfirman och jag har lyckats med uppdraget att bli klar i tid.

Häller upp en skvätt whisky i en kaffemugg och sippar lite. Tänker på detta med att bryta ihop. Någonstans har jag en dröm om att göra det ordentligt. I stället för att trampa vatten, bara fortsätta sjunka tills jag når botten. Ge upp ambitionen att tänka klokt. Ge upp ambitionen att ha en förklaring. Jag tänker på Malins mamma. När jag och Malin precis hade träffats var hennes mamma tillsammans med en man och de hade det rätt bra. Och de levde på i sin vardag. De hade sin sommarstuga, sin gemensamma lägenhet och de reste på semestrar ibland. Och de var rätt lyckliga, tänkte hon. När de hade varit tillsammans i sex år så bestämde de sig för att bila i Skottland med ett annat par. De flög till Edinburgh, hyrde bil och körde sedan upp i bergen där de tog in på ett litet hotell.

Så sätter de sig och äter middag med det andra paret. Plötsligt ser Malins mamma över bordet, på sin man, och inser att hon inte vill leva med honom längre. Hon lämnar bordet och går till rummet och gråter okontrollerat.

När jag fick höra talas om detta första gången så grät jag. För att jag blev rörd, så klart, men kanske kände jag också en sorg över att jag saknar förmågan att våga bryta ihop, på det sättet.

Men nu har någonting hänt.

Jag ser ut över vardagsrummet och känner mig försiktigt optimistisk. Det är en lång väg kvar, men det har börjat röra på sig. Jag ringar in någonting, sakta men säkert.

Jag lutar mig tillbaka i soffan. De höga bokhyllorna gapar tomma och vita. Och i ett ögonblick känns det befriande att alla böcker är borta, som om en mur raserats.

NU

KAPITEL 6

LEVA I NUET

•

Där Sigge upplever ett ögonblick som är så tomt att han nästan förlorar förståndet

Där Alex upplever ett ögonblick som är så tomt att han nästan känner sig lycklig

Sigge

INFORMATIONSLÖSA ÖGONBLICK

Jag står vänd mot panoramafönstren på 27:e våningen i New York. Det är som om de breda avenyerna – som bryter sig fram mellan byggnaderna och släpper in kvällsljuset – öppnar en ventil i mig som gör att jag andas lättare.

Det är juli och vi har rest till New York för att hälsa på min bror. Denna natt bor vi i hans lägenhet och i morgon ska vi åka till den lilla ön Fire Island utanför stan. Det är rätt trångt med sju personer i en trea, och svårt att få de jetlaggade barnen att somna på soffor och på madrasser. Ändå är det som att barnaskriken liksom sjunker undan när jag ställer mig på balkongen och blickar ut. I förgrunden är de stora skyskraporna av glas och stål, och bortom Queens och New Jersey upplöses förstäderna i dis. Det är som att jag svävar ovanför staden i helikopter. Högsommarhimlen ovanför allt skiftar i lila och rosa och under mig hörs det dova trafiksuset, och en och annan sprucken polissiren.

Snart somnar pojkarna i soffan, men Belle kan inte komma till ro, så till slut sätter jag henne i vagnen och går ut och går, för att få henne att somna. Kvällen är het när jag vandrar söderut på sjätte avenyn, och varje gång jag passerar en korsning tittar solen fram mellan skyskraporna till höger, glödgande och bländande, på väg ner i Hudsonfloden.

Det är fredagskväll och liv och rörelse överallt. Jag inser att det kommer vara svårt att få Belle att somna när det finns så mycket för henne att titta på – men denna kväll väljer jag att omfamna det, försöker se det positiva i att hon är vaken och att vi upplever något ihop.

Union Square kokar av fredagsförväntan, och jag kryssar genom folkvimlet med vagnen för att komma fram. Ändå känns trängseln inte påträngande. Det är ett mysterium egentligen, att hur mycket folk man än omges av på New Yorks gator, så känns det aldrig irriterande. I barerna, på restaurangerna, i parkerna – kropparna är aldrig i vägen. Till skillnad från i Sverige, där trängseln i city ofta känns kvävande.

När vi når det lilla torget på södra Union Square lyfter jag ur henne ur vagnen. Sedan sätter vi oss sida vid sida på ett trappsteg och tittar på folk tillsammans. Det har vi aldrig gjort förut på detta dröjande sätt; vi kommenterar viskande det vi ser och skrattar åt förbipasserande hundar och människor med märkliga frisyrer. Hennes ögon är uppspärrade när hon betraktar ungdomsgängen som står i ring. Det är så mycket som händer i de där halvcirklarna, att studera dem är som att studera ett koncentrat av den mänskliga naturen; de flirtar, de bråkar, de hånglar, de garvar.

Snart kör en trumpetspelare igång en bit bort och det är fint att se Belle njuta av musiken. Det är en melankolisk melodi som jag har hört många gånger, men eftersom vi befinner oss där vi befinner oss är det som att jag hör den för första gången. Den blir liksom dubbelbottnad och rikare och mer hoppfull. Det är som att jag har *råd* med sorgen för det är en sådan fin sommarkväll – och så blir den mer bitterljuv än melankolisk.

Vi pratar om allt det vi ser, och hon frågar en massa om att bli vuxen – om pojkar och män och tjejer och kvinnor. Och hon säger: "När jag blir stor ska jag bli *quinna*", med just detta uttalsfel. Det handlar alltså om hennes *bild* av att bli kvinna – quinna. Och det väcker något. Kanske minnen av min egen bild av vuxenvärlden när jag satt i Kungsträdgården med min mamma för många år sedan och tittade på ungdomar, och också ställde frågor om vuxenlivet. Än en gång: kedjor till det förflutna och till framtiden.

Jag ser hennes eftertänksamma ansiktsuttryck och tänker att hon alltså är medveten om att hon ska bli quinna. Och att det får mig att se framåt. Belle som quinna. Att vi ska hit till New York då. Att vi kanske till och med ska hit när hon är äldre och har en dotter som är nybliven quinna.

Det är som att tiden bromsas, jag känner det fysiskt. Omgiven av gatumusikanterna och ungdomarna och doften av brända mandlar och avgaser. Det är en informationstät stund, tänker jag, och jag vet att jag aldrig kommer att reda ut den.

Det är lustigt, egentligen. Året runt söker jag aktivt informationslösa stunder, jagar avslappning från stressen. Ändå är denna informationsrika stund mer inspirerande än alla informationslösa stunder i världen. En sak vet jag, det är tydligt att de har en sak gemensamt, dessa informationsrika och informationslösa ögonblick: De får tiden att sakta ner.

Och då blir vi extra uppmärksamma på lukter och ljud och känslor. När vi kommer ut på andra sidan vet vi inte hur långt ögonblicket var.

Som denna stund, här på torget, till tonerna av trumpeten. Jag vet inte om vi suttit där i fem minuter eller femton. Eller som Alex skulle sagt: i fem tankar eller femton.

Snart somnar min dotter och jag börjar vandra tillbaka mot min brors lägenhet, skjuter vagnen framför mig. Jag tänker att medan informationslösa ögonblick är avskalade på både tankar och känslor så är informationstäta ögonblick mysterier. De är nav med så många kopplingar i vårt inre att vi inte kan förstå hur de hänger samman. Vissa av dem är riktiga trasselbollar av invecklade associationstrådar.

Sommaren är en unik period eftersom vi då upplever så många både informationstäta och informationslösa ögonblick. Vi pendlar mellan lugn och extas. Övriga året, däremot, är så informationsfyllt att vi aktivt söker informationslöshet.

Utmaningen med att ha barn är att de oavbrutet utgör ett Carpe diem. Man lever hela tiden mitt i nuet. På gott och ont. Fördelen är att man inte hinner ha ångest.

När vår äldste son gick på ett så kallat föräldrakooperativ i Göteborg, jobbade jag där ibland. Det var befriande för en frilansare som jag, eftersom jag där ständigt befann mig i en akut situation. I mitt vanliga arbete kan det vara en bok som ska skrivas klart och ges ut om ett år eller en föreställning som ska ha premiär om tre månader; jobbet strävar alltid mot en framtida deadline. På förskolan däremot, var det omöjligt att se framåt, eller bakåt för den delen. Jag var "köksa", och det var inte helt lätt att laga korvstroganoff till arton barn. Jag visste ju att ett fiasko skulle resultera i att barnen skulle gå hungriga hela dagen, så jag kämpade som ett djur, svettades och stod i vid spisen. Samtidigt hände en massa skit runt omkring; ett barn välte ett glas mjölk, ett annat gjorde i blöjan, någon klöstes. Tala om informationstäta ögonblick. Och plötsligt var klockan fem och arbetsdagen var över. Och när den var över så var den verkligen *över*: När jag hade torkat av alla köksytor med min Wettextrasa, släckt ner och kommit ut på gatan, så hade jag inte med en bunt papper hem som jag var van vid. Jag kunde lämna jobbet på jobbet.

Kanske är informationstätheten den enskilt största anledningen att skaffa barn. Att man så pass sällan hinner tänka: "Vart är jag på väg i livet?"

Jag minns när jag bodde i min tvåa på Wallingatan, innan jag träffade Malin. Ibland vaknade jag mitt i natten och kände en bedövande tomhet, en förlamande ensamhet. Och jag kunde tänka: Om jag skulle halka på tvålen i duschen och dö så skulle det kunna dröja en vecka tills det började lukta i trapphuset och någon märkte det.

Det är ensamhet.

Innan jag fick barn kunde jag ibland ha svårt att svara på frågan: "Hur är läget?" Jag sökte förgäves efter något att säga men kunde inte alltid komma på hur jag mådde. Om någon i dag frågar hur jag mår svarar jag: "Det är mycket med barnen." Jag har en tydlig uppgift.

En annan fördel är att de informationslösa stunderna utgör en så skön kontrast till de informationstäta – när de väl uppstår. Egentligen är den enda självhjälpsmodell man behöver känna till som människa väldigt enkel:

1. Skaffa barn. 2. Var med dem en hel dag så att de mosar sönder huvudet på dig. 3. Få dem att somna. 4. Sätt dig sedan i soffan och blunda. I den tystnad som uppstår – den öronbedövande tystnaden i ett småbarnshem när barnen somnat – är du Dalai Lama. Du kan i princip titta in i väggen, för du har i det skedet nått ett sådant starkt inre lugn bara av det faktum att kaoset är över. Har du tur hittar du en Piggelin längst nere i frysen. Och sedan kan du suga på den och slå på teven och *allt* blir intressant – YLE, nyheter för hörselskadade – allt blir poetiskt. Din Piggelin smakar rikt och starkt som i barndomen – för du är mottaglig av det enkla faktumet att du får göra vad du vill utan att någon drar i dig.

Ständigt söker jag sådana informationslösa ögonblick i vardagen.

Att stå vid sidan om – det är väl det det handlar om? Nittionio procent av livet befinner man sig *mitt i skiten* – oavsett om vi tar hand om barn eller är på jobbet eller försöker vara en bra partner – verkligheten mulas in i fejset på oss. Så vi söker platser och stunder där vi erbjuds möjlighet att stå utanför allt, en liten stund.

Min skrivlokal var tänkt att bli just en sådan plats, och jag såg medvetet till att avinstallera internet där, föreställde mig att den skulle bli den där kapseln, en skyddad plats, bortom tideräkningen. Men stegvis infekterades den: Jag började ha möten där, bjöd in journalister dit när jag skulle intervjuas, och jag och Alex spelade in podcasten där. Nutiden trängde sig in mer och mer. Och till slut kopplade jag upp datorn mot mobilen ändå.

Ibland har känslan av lugn infunnit sig på oväntade platser. Till exempel när jag suttit och väntat på barnen på deras fotbollsträning eller fäktning. I den väntan kan jag inte göra någonting. Att ta upp mobilen och kolla Instagram medan ens barn sportar skulle uppfattas som ett grovt brott. Och då – i det påtvingade lugn som uppstår – kan en försiktig självacceptans ta form, att man ändå inte är totalt värdelös. Tioåringen som står där borta och fäktas verkar ju må ganska bra, man måste gjort *någonting* rätt.

Det mest effektiva sättet att söka informationslöshet är så klart att resa.

Om informationstäthetens epicentrum är lägenheten – särskilt dessa vidriga morgnar då information väller över en som en lavin: skrik, telefonsamtal, teven som står på, känsloutbrott i varenda satans familjemedlem, försenad till jobbet – så är resan ett sätt att fly från detta.

Ibland, när jag sitter i ett flygplan och ser ut genom det lilla fönstret, tänker jag att nu tänjs en elastisk tråd. En tråd vars ena ände är fäst i informationstäthetens epicentrum, och den andra i mig. För varje meter jag rör mig bort från informationstätheten, tänjs tråden. Vart jag än reser så är jag fastkopplad i denna tråd. Jag tänker att den är en sorts livlina som jag behöver för att inte ramla av planeten.

När jag var barnlös och partnerlös var den där tråden så tunn att det räckte med att jag åkte till Köpenhamn för att det skulle kännas som att den var på väg att brista, och att jag då skulle tappa fotfästet. I dag är default-tjockleken på tråden

kraftigare, men det är fortfarande så att ju längre bort jag reser –
geografiskt och psykologiskt – desto mer tänjs den ut.

Jag tar av mig jackan och lägger den över min dotter i vagnen, och vandrar tillbaka norrut på Manhattan.

När jag når huset där min bror bor ställer jag vagnen i lobbyn och lyfter upp Belle. Hon sover djupt och lägger sitt svettvåta ansikte mot min hals. Jag tar hissen upp och öppnar försiktigt dörren till den nedsläckta lägenheten. Alla sover. Jag lägger mig på soffan med Belle på mitt bröst och somnar snabbt.

En vecka senare: Tiden har sprungit ifrån oss på Fire Island där vi bott i sex dagar i ett hus vid havet. Tanken var att vi skulle ta igen oss, men med tre sommarpigga barn har veckan varit krävande. Denna semesterns sista kväll har alla lagt sig tidigt eftersom vi ska flyga till Sverige i morgon. Jag njuter av att äntligen vara ensam uppe och bestämmer mig för att ta en kvällspromenad på stranden.

Det är en dramatisk syn som möter mig. De svarta molnen har samlats runt ön som arméer. Barfota går jag ut på den svala sanden och riktar stegen mot havet. Det är lite kusligt där nere. Vågorna är två, tre meter höga och kastar sig rytande över sanden. Och långt där ute, bortom oljeriggarna, ser jag en blixt som skjuter ner i havet.

Jag stannar upp några meter från vattnet, och i ett ögonblick känns det som att jag ska blåsa i väg som en pappersdrake i vinden. Stormen är så aggressiv att blåsten dånar i öronen. Och jag tänker: Här och nu är den elastiska tråden så långt utdragen att den kan gå av, när som helst.

Tillbaka vid huset ser jag den blåbelysta jacuzzin, och jag får för mig att den skulle kunna göra mig tryggare, göra tråden tjockare igen. Kanske har jag gått lite för långt i min strävan efter att tänja ut tråden, för jag känner mig orolig. Sakta, sakta häver jag mig ner under ytan för att inte bränna mig. Flämtar till när jag till slut kommit så djupt att bara huvudet sticker upp. Jag lutar huvudet bakåt och blickar uppåt. Mellan molnen ser jag stjärnorna men de är bara ljuspunkter på en svart yta. Jag känner ingenting för dem. Och Vintergatan är bara ett vitt dammoln av stjärnor vi aldrig kommer att besöka.

Jag sluter ögonen och utmanar mig själv. Tänker på scientologerna och deras dröm om det ultimata tillståndet, den yttersta nivån i deras utvecklingsstege, som de kallar för att vara *clear*. Då ingen information kan rubba en. Den som är *clear* är skyddad av ett slags mentalt pansar, inuti vilket man är fri. Med *cleara* tankar, *cleart* inre. Idén om att bli clear liknar alltså de flesta självhjälpsboksmodeller, egentligen. Drömmen om att leva i nuet.

Plötsligt dyker ett minne upp som jag inte tänkt på på länge. En fåtölj i mitt barndomshem där jag kröp upp en gång som nio-, tioåring. Jag minns stunden tydligt, för den var rätt känslosam. Jag konstaterade nämligen där och då att *jag inte har några problem*. Jag har gjort läxorna. Jag har snart sommarlov. Det går bra med Emilia, hon log mot mig i dag i simhallen. Jag är *clear*. Jag använde så klart inte just den termen, men det var den känslan.

Under flera år återkom jag då och då till fåtöljen som för att testa om jag var clear. Och det var svårare än man kan tro. Även fast jag bara var tolv, tretton kom jag ofta på något som var i vägen. Jag hade tappat en nyckel till förrådet och snart skulle mina föräldrar komma på att den var borta. Eller jag hade inte lyckats sälja några jultidningar. Eller någon annan skit. Jag gick besviken därifrån, men återvände några dagar senare för att undersöka: Är jag clear nu då?

När jag nu sitter i bubbelpoolen på Fire Island testar jag mig själv på samma sätt. Jag sluter ögonen och blickar inåt och undersöker hur jag mår.

Jag kan konstatera att barnen verkar må bra. Malin verkar må bra. Jobbet verkar gå okej.

Kanske sjunker jag inte längre. Jag känner efter.

Någonting har hänt, en vändpunkt.

Till att börja med har jag börjat ifrågasätta mina minnesbilder. Det var när jag gick igenom alla gamla foton under flytten som jag förstod hur mycket mer komplexa ögonblicken var jämfört med minnena. Det var nytt. Tidigare har jag aldrig ifrågasatt minnena när jag fått flashbacks från barndomen. När jag har varit på Gröna Lund med Belle och känt doft av sockervadd har mitt inre jublat: *Känslan för sockervadd i barndomen!* Jag har trott att var och en av dessa triggers faktiskt utgjort en tidsresa av något slag och vältrat mig i barndomsminnen.

Men när jag tog tid på mig – på vinden, med fotografierna i knäet – att faktiskt försätta mig i den stämning som fanns i rummet när fotografierna togs, insåg jag hur mycket rymd det fanns kring minnena, som inte fick plats i dem. När jag exempelvis åt sockervadd på Gröna Lund gjorde jag det i en folkmassa som oroade mig, för som åttaåring gjorde trängsel mig nervös. Ändå fokuserar flashbacken helt på sockervadden och utelämnar det andra. Det är som att jag färdats baklänges genom livet – i ett tåg som Alex beskriver – där min blick har hoppat mellan olika detaljer som flimrat förbi utanför fönstret. Jag har per automatik sentimentaliserat dem eftersom de varit på väg att försvinna i horisonten. Den som lever på det sättet kan inte se hela bilden.

Kanske har mitt extrema fokus på barndomen haft att göra med min oförmåga att se mig själv som vuxen.

Nostalgi är ju en sorts dröm om ansvarslöshet, om att återvända till en tid *innan leken blev allvar.* I tillbakablickarna är man endast en upplevare, som står tyst och njuter av ögonblicken. Minnena är i den bemärkelsen inte ens frusna ögonblick, utan fixerade *vinklar* av frusna ögonblick. Den kanske viktigaste dimensionen saknas alltså: Att vi i varje givet ögonblick interagerar med de andra i rummet. Nostalgikern slipper denna krävande aspekt, för det går ju inte att interagera med ett minne.

Kroppen svävar i det varma vattnet. Ansiktet svalkas av den råa nattdoften. Jag känner efter igen. Ja, i denna stund är jag nära ... *clear*. När jag ifrågasätter minnenas trovärdighet är det någonting som lossnar. Jag blir lätt och kan flyta. Barndomen jag burit på och sörjt är inte den verkliga barndomen. När jag tänker så väger jag mindre. Jag sjunker inte längre. Kroppen och vattnet blir ett. Och tråden blir tunnare. Men känslan är inte – som jag hoppats på – särskilt positiv.

Framför allt känns det ensamt. När jag står mitt i informationstätheten, hemma i vardagen, så har jag så tydligt en funktion. Jag tar hand om problem, hemma eller på jobbet, och därmed är mitt liv sammanvävt med andras. Utan dessa funktioner är jag ensam.

Nu är tråden hårtunn. Jag hör hur den sjunger och spänner, och det skrämmer mig. Jag vågar inte ta det sista steget, ännu. Jag vågar inte låta tråden brista.

Jag stiger upp ur jacuzzin och stapplar omtumlad tillbaka in i huset. Jag torkar mig och kryper sedan ner i sängen, intill min fru.

Hon är så vacker, jag vill väcka henne, men jag vet hur svårt hon har att somna om, så jag låter henne vara.

Lägger mig på rygg och lyssnar till stormen. Sakta men säkert växer tråden och blir starkare, men jag är ändå uppskakad. Tankarna rusar. De är förvirrade. Jag tänker att jag kanske måste gå i terapi, trots allt. Jag tänker att det inte går att undvika längre.

Ett sätt att leva har visat sig vara ohållbart, och nu behöver jag hjälp att våga lämna det – och bygga ett nytt.

Jag tänker att jag längtar till att det ska bli morgon, till att min fru ska vakna så att jag får berätta för henne om alla dessa tankar, så att jag får hålla om henne. Och jag längtar tills vi ska resa tillbaka till vardagen där hemma, vardagen som jag känner så väl. Snart äter vi frukost tillsammans i vårt kök i Stockholm. Det värmer mig att föreställa mig den scenen. Så jag fortsätter fantisera. Tänker på äggen som är perfekt kokta med rinnig gula, på kaffet som är lagom starkt och på barnens ansikten.

I fantasin är alla glada och pratar om vardagliga futtiga saker, vilket är underbart, för vardagliga futtiga saker är bekanta. Och sakta men säkert känns den förvirrade stunden i bubbelpoolen nyss alltmer fjärran, och tråden allt mindre uttänjd. Steg för steg blir jag mer och mer stabil. De inre rösterna är bekanta, de viskar sitt betryggande peptalk. *Du kanske inte alls behöver gå i terapi. Du kanske bara har sovit dåligt den senaste tiden.*

Konturerna av mitt jag blir tydliga igen. Jag känner igen skydden, formuleringarna, men jag välkomnar dem. Hellre förneka ångest än plågas av den. Hellre bekanta hjulspår än nya. Jag sluter ögonen, äntligen informationsfylld igen.

Alex

FYRA SEKUNDER AV LYCKA

Jag ligger i sängen, har precis vaknat. Bredvid mig ligger Amanda och båda barnen. De sover med öppna munnar. Klockan är 06.30. Det behöver jag inte kontrollera, jag vaknar av mig själv klockan 06.30, alltid samma tid, oavsett om det är vardag eller helg, sommar eller vinter. Jag är ett under av punktlighet. Precis där, i stunden då jag vaknar, finns det ett fönster om fyra sekunder där jag inte riktigt vet vem jag är. Jag vet inte vad jag har för innehåll, jag vet ingenting, inte ens var jag bor, vad mina flickor heter. Det är ett tillstånd som är rent från ångest. Jag vaknar och känner mig lätt! Inte vet jag, men detta är väl ett tillstånd att sträva efter i livet. Att kunna leva så där permanent. Det är ett tyngdlöst tillstånd, som att vara nyfödd och nyfiket blicka ut över världen för första gången. Vad är det här för underbar plats? Solen skiner där ute. Här kan jag skaffa många vänner.

Jag är väl *clear*, antar jag.

Sedan händer det. Jag nitas fast i mitt sammanhang. Jag sätts på plats ordentligt! Systemet sätter igång. Det är som man tänker sig ett startfält i ett Formel 1-lopp. Den inre speakern ropar:

"Gentlemen, start your engines!" Och medvetandets olika motorer sätts igång.

Först kommer ljudet av den existentiella ångestens motor. Den där grundoron som jag alltid bär med mig, där man stillsamt noterar att man finns till utan att riktigt veta varför. Den är svag, hörs bara som ett dovt muller.

Sedan kommer en lättare motor, som en tandläkarborr som gör små nedslag i en skadad tand. Den motorn reglerar de små futtigheterna, saker i bagaget som man inte kan släppa. Ett bråk jag hade med Amanda i går. En skuld till ett inkassoföretag som jag ännu inte betalat. Något onödigt hårt jag sa till min bror på middagen i förra veckan. En oro för en av flickorna som har öroninflammation. En leverfläck på min axel som kliar, och som kanske vuxit lite sedan förra sommaren? En gnagande irritation över att Sigge sålt en option på sin spänningsroman till Brasilien och tjänat 200 000 kronor.

Sedan kommer en mörkare motor, som en dieselmotor på en båt, det är en sorgemotor – en familjemedlem som inte längre finns kvar i livet. En insikt att det finns saker och ting som aldrig kommer tillbaka.

Sedan kommer en orons motor. Den hanterar främst allt det som ännu inte hänt. Rädsla för en ekonomisk kollaps. Rädsla för döden.

Efter en stund är jag färdig, ready to go, och de olika motorerna ligger där och surrar. Det är som tinnitus, jag blir aldrig av med ljudet, det bara finns där.

Stunden på morgonen är intressant, för det är när jag under de där första fyra sekunderna känner hur det är att vara ren, som jag inser vilken last jag bär på. Det är inte förrän jag tänker på de första fyra sekunderna som jag börjar drömma om ett liv där jag är fri från motorljuden. Jag känner då att det kanske är möjligt! Att det kanske går att förlänga de fyra sekunderna! Att det går att bli en lycklig människa.

När var du lycklig?

Vilken fånig fråga.

Jag fick den när jag spelade sällskapsspel med Sigge och Malin och Amanda. Jag berättade för dem om en dag på Gotland i somras. Solen sken. Vi tog oss till stranden. Kånkade på strandväska och handdukar över besvärlig terräng. Vi letade länge innan vi hittade en plats som kändes harmonisk. Skakade ut den stora filten över sanden. Kaffefläckar överallt, som årsringar i ett träd, man kan se fläckar från så tidigt som 1997 i den här filten. Barnen sprang ner till vattenbrynet, omedelbart tysta och fokuserade på något projekt som hade med döda fiskar och en hink att göra. Det var så fint att det nästan var löjligt att se deras små ryggar där de satt på huk. Jag kastade mig ut i vattnet som fortfarande var för kallt.

"17 grader", sa jag.

Det visste jag ju inte, men så gjorde alltid pappa, han kastade sig i och sa direkt hur varmt det var i vattnet. Jag tog tre crawltag, det är så många jag kan, sedan sjunker jag. Tog tre crawltag till, och om någon skulle vila blicken på mig från stranden just då, så skulle det kunna se ut som att jag faktiskt kan crawla. Sedan hade vi picknick på filten. Det pysande ljudet när någon öppnar en kaffetermos. Bubbelvatten som blivit varmt och som växte i gommen. Vi åt en kanelbulle och det knastrade i munnen från sand som hamnat på filten. Jag lade mig på mage och läste en tidning och i rörelsen välte jag en kaffekopp – ytterligare en fläck att addera till de andra på filten. Jag låg där och blundade och lyssnade på de andras samtal. Amanda sa något roligt, de andra skrattade, och jag log. Och försiktigt försvann jag i sömn. Precis innan jag somnade, sista tanken: Jag borde lägga mig i skuggan så att jag inte blir bränd om jag skulle somna. Sedan, på eftermiddagen. Vi packade upp och begav oss tillbaka, jag var så bländad av solen och sanden att parkeringsplatsen kändes överexponerad och underlig. In i hettan i bilen och fläkten som råmade vilt och sand mellan tårna. Doft av bränd hud i bilen, som popcorn. Håret på armarna var plötsligt blont och jag funderade på att visa det för någon som satt bredvid, men jag orkade inte riktigt. Hur vi sedan kom till den svala affären, barfotafötter mot det kylda ICA-golvet. Och vi köpte lamm och packade bilen full av kassar, vita löften om en underbar kväll. I bilen sedan, två barn med glass runt munnen. Någon sa något roligt och när jag log så stramade det av salt om kinderna.

En lycklig dag, helt enkelt!

Fast det är ju inte riktigt sant, för motorerna brummar ju hela tiden, i bakgrunden, också en dag på stranden. Irritation, ångest, oro, rädsla.

Kan Charlie och Frances verkligen bada där själva? En text som ska lämnas till *Aftonbladet*. Lamm för tredje dagen i rad, är det inte sådant som ger cancer? Irritation över glass på lädersätena.

Jag är inte ren!

Ingenting går upp mot de fyra sekunderna, precis när man vaknar. Den informationslöshet som långsamt drev Sigge till vansinne i en jacuzzi på Fire Island – det är exakt den som dessa fyra sekunder erbjuder. Den tomheten! Den icke-lasten! Det är där jag vill vara. Jag känner ingen pockande galenskap i den, jag känner ett lugn där i tomheten. Hur når jag dit? Varför ska det vara så svårt? Till och med i stunder av eufori blir jag blockerad och kan inte ta in det. Jag minns när hela familjen var på solsemester för ett år sedan. Sista dagen på resan satt vi vid en öde strand och såg solen gå ner i havet. Det var så vackert att jag och Amanda tystnade och bara tittade. Charlie dansade vid vattenbrynet. Hon dansade inte för oss, utan för sig själv, lycklig i sin egen värld. Det var något med den stunden, hur solen gick ner bakom Charlie där hon dansade runt som en flyktig punkt av lycka. Jag tog omedelbart fram telefonen för att föreviga stunden. Jag tog många bilder, säkert hundra, och någonstans mitt i allt mitt febriga fotograferande försvann ögonblicket. Det var en underbar stund, men jag var inte där. Det var den finaste stund jag inte varit med om.

Jag ligger kvar i sängen. Det har gått några minuter. Motorerna går för fullt nu. Amanda och barnen kommer inte vakna förrän om en timme. Jag kommer att tänka på en text jag läst om mindfulness. Det är en form av meditation som man kan utföra på sig själv när som helst. Ett sätt att bli ren från tankar som skadar en. Ett sätt att tysta motorerna. Upplägget för mindfulness är enkelt. Man låter tanken komma. Man betraktar den och så släpper man i väg den. Och så kommer nästa tanke. Man betraktar den. Och släpper i väg den. Som att stå på en perrong, se tåget komma, titta på det och sedan se det lämna perrongen. Det svåra är inte att låta tankarna komma – för de kommer oavsett om man vill eller inte – det svåra är att släppa i väg dem. Att gå vidare. Då kan man hjälpa tanken på traven genom att ge sig själv en signal när det är dags att gå vidare. Man kan säga något högt, egentligen vad som helst. Jag bestämmer mig för att prova, att låta tankarna komma och sedan skicka i väg dem med orden: "I väg med dig!"

Nu kommer hjärtklappningen, men det går bra. Jag brukar kunna hålla den i schack. Hur dåligt mår jag? Hur känner jag mig? Det är inte som 2012. Alla panikångestattackerna. Jag minns när jag låg på golvet bakom scenen på Maxim. Jag kunde inte röra mig, lamslagen av panik. Ridån går upp om femton sekunder och jag måste resa mig. Jag måste upp! Jag ställer mig på knä, ridån går upp, allt blir vitt, jag vacklar ut på scenen. Fram mot den höga pallen. Det är exakt sju steg. "En fotpall utgör en snygg scenografisk lösning", skrev *Arbetarbladet* i sin recension. Ingen vet att jag måste ha den, för mina ben bär mig inte.

I väg med dig!

Bakom en annan scen, en annan pjäs. En kvart innan vi går på. Jag går in i fel loge och ser en äldre man i ensemblen som onanerar hårt. Han står upp i sin loge och tittar på sin penis i spegeln. Han vänder sitt ansikte mot mig, men står kvar i sin onani. Det är det verkligt bisarra, att han fortsätter. Han ber om ursäkt, men säger att han måste onanera, annars kan han inte slappna av på scenen.

I väg med dig!

Jag fick ett brev från mammas sköterska. Hon beklagade sorgen. Hon skrev så fina saker om mamma. Jag blev så glad, sträckte mig efter telefonen för att ringa mamma och berätta om det.

I väg med dig!

Mamma hade köpt en ny jeansjacka och hon frågade oss barn vad vi tyckte om den och jag sa att hon såg ut som ett fnask. Mamma blev mörk och gick och lade sig. Pappa var ursinnig. Han ställde sig nära mig och skrek så att det gjorde ont i örat. Så säger man inte till sin mamma! Jag var skakad, jag visste inte vad ett fnask var, försökte greppa vidden av felsteget jag just gjort. Pappa tvingade mig att be om ursäkt. Mamma godtog, men ville inte prata. Jag skämdes då, men nu ser jag annorlunda på det. Mamma hade inte behövt vara så hård. Pappa hade inte behövt vara så hård. Jag visste inte vad ett fnask var. Jag ser annorlunda på det mesta numera.

I väg med dig!

När vi var i Portugal för att se fotbolls-EM köpte vi en svensk flagga. Alla fans hade en egen flagga, på vilken de skrev ortnamnen där de kom ifrån och hängde upp på arenorna så att folk kunde se. Vi i vårt gäng kom från Farsta, Hökarängen och Enskede. Vi skrev STUREPLAN på vår. I någon dusch på en camping, med andra svenskar:

"Vart kommer ni ifrån?"

"Stureplan."

"Vad sa du?"

"Stureplan."

"Jaha ... mitt i smeten, alltså."

Det är den roligaste ordväxling jag känner till.

Mitt i smeten, alltså.

I väg med dig!

Det finns minnen som bara är ljusa. Som helt saknar mörker. Jag älskar dem för att de är fullständigt betydelselösa, för att de bara finns där i sin ljushet. Vi är arton år och ska på bröllop. Min kompis Johan är ovan med att bära slips, jag måste hjälpa honom att knyta den. En äldre servitris vandrar förbi oss. "Vuxna karlar som inte kan knyta slips själva", säger hon. Jag svarar henne att det blivit svårt för Johan att knyta slipsar numera, efter branden. Samtidigt gör Johan omärkligt sina fingrar stela och krokiga och vanställda. Det ser ut som två kvistar som sticker ut från kavajärmen. Kvinnan tittar ner, andas snabbt och går. Sedan skrattar vi. Jag saknar det där. Vad är det jag saknar med det? Jag vet inte. Det var inte så mycket som var så viktigt då, kanske.

I väg med dig!

Jag gick ner i källaren och tittade igenom våra gamla fotoalbum. Jag var på jakt efter ömhet. Jag ville ha bildbevis på att min mamma någon gång älskat mig. Jag har varit besatt av tanken ända sedan hon dog och därför sökte jag i timmar, gick igenom varenda bild i över trettio album. Jag hittade en bild till slut, jag är två eller tre, jag sitter i mammas famn. Hon lutar sig med ansiktet mot mitt bakhuvud, doftar i mitt hår, och ler. Hon håller om mig och jag är trygg. Jag ryckte ut bilden ur albumet, den står på mitt nattygsbord nu, bredvid klockradion. En gång älskade hon mig.

I väg med dig!

En ambulans tjuter förbi på gatan nedanför. Jag önskar jag vore där, i en bil, så att jag fick maka på mig. Ingen gång i livet känner jag mig så duktig, så solidarisk, så delaktig i det fungerande samhället, som när jag snabbt viker undan för en bakomvarande ambulans och låter den passera förbi mig.

I väg med dig!

Morfar hade en pistol gömd i en korg under handskarna i hallen. Han sa att han hade den om det skulle komma tjuvar. En gång hade han tydligen skjutit ett varningsskott med den i luften mot någon som strök omkring utanför. På middagarna när vi barn var bortglömda så gick vi alltid till hallen och rotade fram pistolen. En gång siktade jag på min bror med den. Han såg så mild ut i sin förfäran när han tittade på mig. Jag förstod inte ansiktsuttrycket. Jag har tänkt på den där stunden så många gånger. Hans egendomliga leende. Undrar om han över huvud taget minns det.

I väg med dig!

Vad sägs om lite fittputs?

Fittputs!

Jag glömmer aldrig det ordet.

Jag hittade pappas och mammas porrtidningar i en byrå. Det var en bra hög, jag tog en av tidningarna och gömde under min madrass. När mina bröder somnat tände jag lampan och läste. Ett uppslag var en pornografisk berättelse i bilder, där deltagarna pratade i pratbubblor med varandra. Som i *Fantomen*, fast det var porr. En kvinna låg hemma i sin säng och det ringde på dörren – det var fönsterputsaren. Hon visade honom var han skulle putsa och han tog en stege och började med ett av fönstren och hon stod bredvid och tittade på. Plötsligt vände han sig om mot henne och sa: "Vad sägs om lite fittputs?"

I väg med dig!

Torrekulla. En ort på E20 ett par mil norr om Varberg. Varje gång vi åkte förbi skylten på motorvägen sa pappa "torrknulla". Och varje gång sa mamma omedelbart: "Men Allan."

I väg med dig!

Du frågade aldrig om lov.

Du bara stod där.

Du trängde dig på.

Du tvingade dig in.

Jag sa aldrig att du kunde bo hos mig.

I väg med dig!

Mamma har varit död i sju veckor i dag. När ska jag börja komma ihåg saker igen? Alla koderna! Koden till Visakortet.

Lösenordet till Itunes. Min egen portkod. Jag står utanför porten, förvirrad, och tittar på siffrorna. Får ringa Amanda, som berättar. Min portkod är 2155. Man glömmer saker i chock, det är normalt, var det någon som sa. Jag kommer inte ihåg vem.
I väg med dig!
Inne i mig finns ett tomrum som också tar plats.
I väg med dig!
Kassörskan nere i snabbköpet gillar att kommentera sakerna jag lägger på rullbandet framför henne. Hon tycker om att sätta varorna i ett sammanhang. Jag köper några frallor och juice tidigt på morgonen och hon säger: "Jaha, dags för frukost med lilla familjen?" I går stod jag i kön. Det enda jag skulle köpa var toalettpapper. När jag kom fram till kassan sa kassörskan högt och muntert: "Jaha, så du ..." Och så tittade hon på toalettpappret och tystnade.
I väg med dig!
Har fått en del brev med kondoleanser. En gammal vän till mamma hörde av sig, hon sa att hon vet hur det är att förlora någon nära. Hennes man dog för några år sedan – halkade på en isfläck och sedan låg han i koma i två månader och sedan var han död. Jag hälsade på henne kort efter dödsfallet och hon gav mig ett par av hans gamla skor, som ett minne av honom. Det var ett par Playboyskor i mocka. Jag blev glad och bar dem efter några dagar. Men det bodde en fotsvett där, en fotsvett som alltså inte var min, utan skornas. Jag skrev en krönika om det samma helg. Att jag ärvt ett par skor från en avliden och att dessa skor plötsligt utsöndrade en levande fotsvett från en död man. Jag var så nöjd med formuleringen, som också blev rubriken: "Död mans skor". Några månader efter träffade jag av en slump mammas väninna på stan. Hon såg mig och gick förbi utan att hälsa. Jag fattade ingenting. Hur kunde jag inte fatta någonting? Hur kunde jag inte förstå hur sårande det måste varit för änkan, den här fina kvinnan, att veckan efter sin mans död läsa om hans fotsvett i tidningen. Jag hatar mig själv för att

jag inte förstod det. Vad är det för fel på mig? Allt jag upplever måste ut. Jag struntar i alla, utom möjligen mig själv.
I väg med dig!
Att se vuxna människor ramla är det värsta jag vet. Det är så generande, så patetiskt. Jag och mormor på promenad. Hon är mycket gammal nu, behöver hjälp med att gå. Jag leder henne till Åhléns. På Sibyllegatan tappar hon balansen, hon är för tung. Jag försöker stötta henne, räta upp henne, men jag är svag och hon faller och jag gör vad jag kan för att hon ska landa mjukt. Hon tittar upp på mig, rädd – och förebrående. Hon säger: "Vad gör du? Varför tappade du mig?" Jag kan inte svara. Jag skäms. För varje år som går, blir jag lite argare. Nu kan jag svara: "Jag var tretton år. Hur kan jag ha ansvar för dig? Jag var tretton år!"
I väg med dig!
Jag är femton år gammal. Vi har varit på restaurang, mamma och pappa har druckit. Jag får köra hem. De kallar det "övningskörning". Pappa somnar bredvid mig i bilen.
I väg med dig!
Tiggarna har börjat be om cigg i stället för pengar. Av mig får de det. I går gick jag förbi ICA Esplanad med en mineralvatten i handen. Tiggaren sträckte handen efter flaskan. Hon ville ha panten, men jag hade lite vatten kvar i botten av flaskan så jag skakade på huvudet och gick vidare. Jag ångrade mig genast, men vände inte tillbaka.
I väg med dig!
Kan jag dricka i kväll?
Jag måste sluta planera mitt drickande.
I väg med dig!
Jag kanske ska gå upp och äta frukost. Äter allt oftare barnens flingor om morgnarna. Jag brukar låta mjölken stå framme tio minuter innan jag äter, för då påminner det om sommarmorgnarna i Värmland med flingor i mjölk som blivit ljummen i solskenet.
I väg med dig!

Jag är besatt av barndomen, precis som mamma. Mammas sista projekt var att försöka återskapa sitt barndomshem. Hon köpte bara möbler från 50- och 60-talet. Det mesta gick i brunt. Varför försökte hon återskapa sitt barndomshem?

I väg med dig!

Charlie kommer vakna först. Sedan Frances. Sist Amanda. Jag tittar på Charlie. Jag kom till parkleken för att hämta henne. Hon stod framåtböjd och grävde i sandlådan. En lite äldre kille smög fram med en spade. Låtsades att han grävde i Charlies rumpa, bakom hennes rygg. Hans kompisar skrattade. Jag vet ju, man tar inte tag i andras barn. Särskilt inte så hårt. Jag vände honom med ett ryck och väste till honom att så gör man inte. Han såg rädd ut, jag tryckte till hårdare runt hans arm. Det susade i huvudet, av fara: Någonstans i folkmassan var hans mamma eller pappa. Sedan såg jag Charlie. Hennes blick lyste när hon tittade på mig. Hon dyrkade mig.

I väg med dig!

Vi åkte på klassresa till Bornholm i högstadiet. Några av oss upptäckte att en av städarna på båten var döv. Vi var tre eller fyra stycken som smög fram bakom honom och stängde av hans dammsugare. Han fortsatte att dammsuga, fastän den var avstängd. Han stod där i flera minuter och alla skrattade. Sedan upptäckte han att något inte stod rätt till, och han vände sig om och såg oss. Vi stod där och fnittrade. Han såg så nedslagen ut. Han gick sakta tillbaka till sin dammsugare och satte på den igen.

Det är värdelöst.

Så uselt.

I väg med dig!

Pappas glasögon gick sönder. Han var gammal då. Han tejpade dem temporärt med vit tejp. Men de gick sönder igen. Han blev olycklig, satt där i sängen med var sin halva av glasögonen i handen. Vi sa det inte, men vi tänkte det: Är det värt det? Att laga dem? Hur mycket mer kommer han att läsa innan han …

Fy fan.

Fy fan i helvete och satan.

I väg med dig!

Det brann i Charlies hår i går. Hon skulle släcka ett ljus och det sprakade till och så var luggen försvunnen. Hon har bubblig hud i pannan nu. Det var ingen liten grej, det var på riktigt. Vi var alla skakade, det luktade bränt hår i lägenheten i flera timmar. Jag minns när vi åt fondue en gång när jag var barn och det började brinna i duken. Vi var så försiktiga. Pappa donade med tändvätskan, förde strängt undan oss barn innan han tände på. Jag gjorde någon yvig gest och pappa blev onödigt nervös och röt: "Ni måste vara stilla nu!" Och jag blev rädd och tyst. Pappa hade fyllt på tändvätskan slarvigt och det hade runnit ut lite på bordet. Plötsligt började det brinna i duken, pappa skrek "HELVETE". Jag minns hans ansikte, stora ögon, upplyst underifrån av eld. Skräcken i hans blick när han försökte släcka elden med sin näsduk. Också den fattade eld, han kastade den i plastgolvet. Plastgolvet blev bubbligt, golvet smälte.

Jag stod förlamad.

Min lillebror började gråta.

Och mamma flydde. Hon bara sprang i väg!

Jag kunde inte tro att det var sant. Mamma lämnade sina barn med elden och sprang. Och jag tänkte: "Jag måste följa efter mamma. Hon vill inte rädda mig, men jag ska rädda mig själv genom att springa efter henne." Så jag lämnade mina bröder och pappa och sprang efter. För min mamma är allt, kärnan av allt. Hon tog trapporna i hast, jag förstod att hon skulle lämna huset och fly nedför gatan. Jag ropade på henne, men hon svarade inte. Hon bara sprang, ifrån mig.

Mamma sprang till en byrå och rotade vilt. Skulle hon ta på sig kläder? Hade vi verkligen tid? Huset skulle brinna ner när som helst. Jag sprang och tog på mig min jacka. Då såg jag att mamma hade plockat fram en stor filt och att hon nu återvände uppför trappan. Tillbaka mot elden! Förvirringen var fullständig. Jag sprang efter och såg hur hon kastade filten över bordet. Elden släcktes omedelbart.

Tänk att jag trodde att mamma bara stack. Och att jag bara struntade i mina bröder och pappa och sprang efter. Jag har skrattat åt det där. Sagt att det var fånigt av mig. Men åren går och man tänker och funderar.

Att jag trodde att mamma skulle lämna oss, var det verkligen mitt fel? Var det jag som var dum? Eller var det en helt rimlig reaktion av den där pojken, i den där uppväxten? Vad var det för barn? Hur mådde den pojken? Vem är jag? Jag är summan av allt det där.

Jag stiger försiktigt upp ur sängen för att inte väcka Amanda och barnen. Motor efter motor följer efter mig, jag mullrar fram mot köket.

KAPITEL 7

VEM ÄR DUUU?

•

Där Alex ser en avliden älg på ett flak bakom ett slott och upptäcker att likheterna mellan älgen och honom själv är ganska stora

Där Sigge babblar sönder sin terapisession, söker sig mot Sauron och bestämmer sig för att sluta berätta

Alex

ATT ALDRIG VARA "I FAS"

Jag är på jakt på ett gods i norra Sverige. Jag jagar inte och det är därför oklart för alla inblandade vad jag egentligen gör där. Mest förvirrad över min närvaro är jag själv. Jag är fel man på fel plats. Jag hatar ju vapen. Jag är rädd för dem, vill inte att de ska användas i närheten av mig. Egentligen vet jag ju varför jag är där, men jag vågar knappt formulera det för mig själv. Jag vill vara nära överklassen. Jag dras till den. Jag är lika delar skrämd av den, lika delar fascinerad. Det är något med hur överklassen beter sig. De är så lediga och vänliga, så förfinade och belevade. De är raka i ryggen, de pratar om avancerade saker med varandra. De kan både börsen och skogen. De ler vänligt mot okunnigheten, men dömer den möjligen i det tysta. Jag vill så gärna passa in i den här miljön, vill inte att någon ska upptäcka att jag ingenting kan om hur man ska bete sig. Jag är uppvuxen i Farsta och jag vill inte att Farsta ska lysa igenom.

Vi träffas på gårdsplanen till värdparets fina slott. Amanda rör sig ledigt mellan de små grupperna, hälsar och kindpussar och vandrar vidare. Jag följer bakom henne, jag gör det hon gör. Hon har lovat att hon inte ska lämna mig i sticket. Jag vet vilka de flesta är. Har hört historierna. Alla männen här äger mark, men jag noterar att det finns en person med särställning. Senare får jag veta att han är greve och har det största slottet. Han äger dessutom mest mark. Det rör sig om mycket mark, "typ halva Sverige", säger Amanda. Märkligt, för han är i min ålder. Alla vill vara nära greven, alla förhåller sig till honom, kretsar kring honom och tittar mot hans håll när han inte ser. Han har ett högt skratt som skrämmer en om man står nära och inte är beredd. Han kallar alla männen i sällskapet för "broder" när han hälsar på dem.

Jakten ska börja. Barnflickor försvinner i väg med de barn som finns på plats, fruarna rör sig in mot slottet. De ska dricka vitt vin och skvallra och piffa till sig för kvällens middag. Männen går och donar med vapnen, gör sig redo för skogen. Det är så uråldrigt, fånigt. Tanken är att jag ska följa med karlarna på jakten. En av jägarna ska ta hand om mig, så att jag får se hur det går till. Jag ska få stå med honom på hans postering. Och vi ska skjuta älg! Jag försöker prata med honom när vi vandrar genom skogen, men samtalet haltar. Jag ställer frågor om jakt och han svarar. Jag är lika ointresserad av att ställa frågorna som han är av att ge svaren. Jag vill ställa andra frågor. Jag vill veta hur mycket mark han äger. Jag vill veta hur mycket pengar han har på banken. Jag vill veta om han känner kronprinsessan, men sådant frågar man inte om. Vi placerar oss i ett torn från vilket man i lugn och ro kan sikta på de djur som visar sig på fältet framför oss. Han tar fram en patron och kysser den omsorgsfullt innan han laddar geväret.

"En liten tradition", säger han.

"Så utomordentligt fånigt", säger jag.

Nej, det säger jag så klart inte, men jag tänker det. Jag försöker konversera, säga något om hur fint det är att vara ute i det vilda och orörda, men jag blir snabbt hyssjad. Han håller upp baksidan av handen mot mig samtidigt som han blickar ut. Han har helt klart upptäckt något. Ett ljud eller någon rörelse.

Han spejar intensivt mot ingenting. Han står så där lite för länge. Spejar han, verkligen? Eller poserar han?

"Äh", viskar han sedan och lutar försiktigt vapnet mot staketet. Jag försöker återigen uppta ett samtal. Det är kallt, jag stampar lite med foten på trägolvet för att hålla värmen. Jag noterar att han irriterat tittar ner mot den och jag slutar genast. Så höjer han plötsligt handen igen. Det är mitt tecken: Håll tyst nu! Nytt ljud från skogen, tydligen. Jag hör ingenting. Kännarblicken vandrar över terrängen, han höjer försiktigt sitt vapen. Så pekar han ut över fältet för att visa mig var djuret befinner sig. Jag ser det inte först, men efter en stund upptäcker jag en päls där bakom en buske. Jag blir först osäker på om vi betraktar samma djur, för det jag tittar på är så litet. Det ser ut som en grävling. Kan man verkligen skjuta grävlingar? Får man göra det? Jag duckar lite och lutar mig framåt, försöker med subtila gester och åtbörder ta detta på lika stort allvar som han.

"Är det en grävling", viskar jag.

"Det är klart att det inte är en grävling", svarar han irriterat. "Ser du inte? Det är en räv."

Nej, det ser jag faktiskt inte. Den är så liten. Det måste vara en rävunge. Jag blir perplex och fylld av frågor. Varför ska han skjuta en räv? Kan man äta räv? Men jag kan inte störa honom nu, han siktar länge med sitt vapen, avgörandets stund har kommit. Räven har inte upptäckt oss, den bökar runt eller vad den nu gör där borta. Och så kommer skottet.

Han bommar.

Han kommer inte ens nära djuret, kulan skadeskjuter inte ens räven som är fullständigt oskadd och flyr in mot skogen. Sedan sker allt så snabbt. Han tappar det helt. Han skjuter igen.

Han bommar.

Ljudet ekar i skogen. Och så omedelbart ett skott till.

Han bommar igen.

"Kuken", väser han och laddar om sitt vapen. Och fyrar av.

Han bommar.

"Fitta!" säger han. Räven fortsätter vettskrämd sin flykt. Hur många skott avlossar han allt som allt? Jag vet faktiskt inte, det är ett sådant tumult. Sex? Sju? Kanske ännu fler. Det är först när räven är borta som han återfår fattningen. Han står och lutar sig mot staketet. Jag ser hur hans ryggtavla häver sig av den häftiga andningen.

Vi vandrar tillbaka sedan. Alla skotten har skrämt i väg eventuella älgar, det är ingen idé att fortsätta.

"Varför skjuter man rävar?" frågar jag.

"För att man får."

"Gör man nåt med dem sen?" frågar jag.

"Nej. Man bara skjuter dem."

Han tittar ner i telefonen. Tydligen har någon i jaktlaget skjutit en älg. En stor rackare. Jägaren berättar för mig att nu ska älgen visas upp vid foten av slottet, de ska tända facklor och alla ska komma ut och titta på det döda djuret. Som en lit de parade för älgar.

När vi kommer fram är det märklig stämning, folk står lite här och var och telefonerar bekymrat. Jag blir tillsagd att duscha och byta om.

Vi tar en drink före maten. Männen dricker dry martinis, kvinnorna dricker champagne. Männen står med männen, kvinnorna står med kvinnorna. Jag är därmed sårbar, utan Amanda. Vi dricker hårt. Männen pratar friare med några glas i sig. En gäst kommer sent, direkt från Stockholm. Han kommer i fart, han har stan i sig. Han är omtyckt av alla, det märks när han går runt och hälsar.

"Hallå, broder", säger greven.

Han går på kryckor och har någon form av bandage runt foten. Jag tänker att det är en bra fråga att ställa, att höra sig för om vad som hänt. Jag frågar, och han svarar till de andra tre männen som står i sällskapet. Han tittar inte på mig över huvud taget – det är nästan intressant. Berättelsen är ändå fängslande, man dras in i den. Han var ute i helgen. Fick med sig en tjej hem till lägenheten. En ung tjej, helt säkert över arton, men inte många år till. Han ville knulla i duschen. Det gick hårt till, han knullade henne mot duschväggen av glas, det var så hårt att glasväggen gick sönder. Det tjocka glaset ramlade ner rakt på hans fot. Blod över hela badrumsgolvet! Man kunde se in till benet! Han vände sig till den förskräckta tjejen och sa: "Vi ska avsluta det här. Jag åker bara snabbt in till akuten och lägger om det här. Rör dig inte ur fläcken! Jag är snart tillbaka." Och han tog en taxi till Södersjukhuset. Där var det helt sjukt, fullt av folk i väntrummet, så mycket jidder, han fick vänta i flera timmar. Till slut fick han träffa en läkare och de tvättade och sydde och lade om. Han åkte hem, helt färdig, tidigt på morgonen.

"Och när jag kommer in i lägenheten så går jag in i badrummet för att borsta tänderna, och då ser jag henne. Hon står kvar där. Naken, på samma plats jag lämnade henne."

Garv i sällskapet.

"Vad sa du till henne", frågar någon.

"Jag frågade varför hon var kvar. Och hon svarade att hon gjorde som jag bett henne, hon skulle inte röra sig ur fläcken."

Ännu mer garv. Jag skrattar som alla andra.

Jag är inte i fas med den här middagen. Jag försöker komma in i den, försöker hitta ett sätt att förhålla mig till den. Jag vill ha en identitet som fungerar här och hittar snart ett sätt. Jag berättar om min egen inkompetens, för att underhålla. Jag berättar att jag är den ende reportern i *Se & Hörs* historia som fått sparken på grund av dålig källkoll. Jag berättar om alla faktafelen i en text jag skrev om Alice Bah. Trettio individuella faktafel i en och samma text. Folk är roade, fler kommer för att lyssna. Jag berättar om när jag var undertextare för film och teve och om alla misstag jag gjorde. Jag översatte meningen "the gravity forced her to the ground" till "graviditeten gjorde att hon ramlade".

Greven skrattar högt, snett bakom mig, så att jag hoppar till.

Alla är muntra.

Jag blir lycklig.

Jag blir någon genom att förinta mig själv. Det känns som att jag växer av att krympa.

Jag vaknar tidigt på slottet morgonen efter, jag låter Amanda sova vidare och går nedför de vinda stentrapporna till köket. Frukosten står redo, allt är framdukat. Jag ser en husa fladdra förbi i korridoren, i övrigt är jag ensam i köket. Jag gör mig en toast, tar ett glas juice och sätter mig ner och läser morgontidningen. Det tar inte många minuter innan jag får sällskap. Nedför trapporna kommer greven tillsammans med sin lilla dotter. Morgonrufsig och lite tillknycklad efter gårdagens drickande, men ändå med ovedersäglig auktoritet. Greven är otrolig, han äger vartenda rum han befinner sig i, varenda situation han är en del av.

"Gomorron, broder", säger han och häller upp en kaffe. "Har du träffat Alice?" säger han och pekar på sin dotter. Alice är fyra år, men hon kan redan ta i hand och niga. Greven gör en macka till henne och slår sig ner mitt emot mig.

"Skickar du sporten", säger han och pekar på min tidningshög.

Han säger inte så mycket sedan, han läser och begrundar och tuggar långsamt och jag tänker att han kanske vill ha det så. Jag ska inte störa honom i maten. Jag läser en artikel med en topplista över namn på hundar i Sverige. Molly ligger etta. Wilma tvåa.

"Men snälla, Alex ...", säger greven plötsligt, "du måste äta upp kanterna också."

Jag tittar på greven som åter vänt ner blicken mot tidningen. Jag tittar ner på min tallrik. Det stämmer, jag har lämnat kanterna på den smörgås jag just ätit. Jag blir konfys. Menar han allvar? Sitter han där och uppfostrar mig? Men samtidigt har han ju rätt, man ska äta upp kanterna.

"Ja, det har du rätt i", mumlar jag och tar upp en av brödkanterna och stoppar i munnen.

Greven tittar upp på mig. Han tittar ner på min tallrik och upp igen. Han ser häpen ut. Jag förstår inte.

"Oj, nej. Det var inte till dig jag pratade, Alex. Det var till Alice. Min dotter."

Jag tittar bort mot dottern, som lydigt tagit upp en av sina brödkanter och tuggar i sig den.

Det isar i systemet.

Det är som att falla.

Jag säger något till svar. Försöker släta ut det här misstaget. Men jag tror inte han hör för jag har munnen full av brödkanter. Jag går på toaletten sedan, sköljer mitt ansikte i vatten och tänker att man ska vara försiktig med ordet "typiskt", för det finns en inneboende pessimism i det som man nog ska akta sig för, men visst är detta typiskt mig. Så är det bara. Hela tiden försätter jag mig i den här typen av situationer, där jag missförstår något avgörande och hela världen börjar skeva. Jag vandrar genom livet med en ständig känsla av att aldrig vara i fas med människor omkring mig.

En tidig morgon på Gotland i somras. Jag går för att plocka smultron tillsammans med min dotter. Vi vandrar uppför en kulle, genom ett snår, in i en skog, och där hittar vi ett riktigt smultronställe.

Med smultron.

Vi sitter på huk, jag och min dotter, sammanbitna och koncentrerade, vi gnolar på någon låt, viskar "oj" för oss själva när vi hittar ett särskilt stort smultron. Kort irritation när hon tar en jäkel som jag just upptäckt, men i övrigt en härlig stund. Vi trär smultronen på ett strå, solen letar sig genom granverket, det är somrigt och fint. Jag känner mig glad. Känner mig i fas! Plötsligt hör vi steg i skogen, det är märkligt, här går det just inga alls. Jag reser mig upp och ser en väktare komma närmare, han har blänk på bröstet och batong och allt. Rakryggad och stram, han är inte här för att plocka smultron. Han är så märkvärdigt felplacerad där i skogen, det kunde vara början på en bisarr sketch. Snart förstår jag. Han är på väg till baksidan av stenugnsbageriet som ligger lite längre nedför berget. Han är värdetransportväktare, han ska hämta kassan. Och när jag är i fas, när jag känner mig i harmoni med livet, så blir jag uppåt och pratglad. I denna känsla av glädje vänder jag mig mot honom, och jag ler.

"Gud, vilken oväntad syn."

Jag vill bara vara trevlig. Benämna situationen. En väktare med batong mitt i smultronskogen, men väktaren tycks ta min lilla vänlighet fel. Han tittar på mig.

"Inte särskilt, hörru."

Jag ser efter honom när han försvinner. Min dotter frågar varför han var sur, men jag kan inte förklara. Det spelar just ingen roll, för jag är i fas och solen skiner och jag plockar smultron med min fina tjej.

Lite senare på eftermiddagen bestämmer jag mig för att ta en kaffe på stenugnsbageriet. En tjej i personalen frågar vad som hände med väktaren inne i skogen. Tydligen hade han kommit ner och kallat mig för "idiot". Jag förstår just ingenting. Jag hade ju bara försökt vara lite trevlig! Hon berättar att väktaren hade sagt: "Som om jag skulle vara imponerad över att se honom."

Som i en film går det upp för mig. Långsamt, drabbande, med blixtrande minnesbilder. Jag sa "Gud, vilken oväntad syn" och syftade på att det inte är varje dag man ser en väktare mitt i skogen. Han trodde att jag sa "Gud, vilken oväntad syn" och därmed menade: Det är inte varje dag man ser Alex Schulman i skogen.

Det isar i systemet.

Det är som att falla.

Väktaren vet det inte, men jag bär honom med mig i livet. Han dyker upp lite då och då. Jag tänker på honom, ser honom framför mig. Jag tänker att någonstans på Gotland finns det en man som lever sitt liv och tror något om mig som inte alls är sant.

Jag är inte i fas.

Det är historien om mitt liv. De här missförstånden äter upp mig, jag tänker på dem hela tiden. Som när svärmor Stina var hemma hos oss och hon matade Frances med yoghurt. Frances satt i Stinas knä och spillde plötsligt ut yoghurten över bordet. Jag blev mest drabbad, hela min hand blev geggig. Mormor fick lite på tummen. Jag sträckte mig efter servetter och jag ville vara artig, så innan jag torkade min hand så gav jag ett papper till svärmor. Svärmor hade inte sett att hon fått yoghurt på sig och hon trodde väl att jag höll henne ansvarig för att Frances spillde och att jag nu ville att hon skulle avlägsna yoghurten från min hand. Så hon började torka! Panik!

Nej, nej, jag menade inte så!

Ständigt i ofas.

Grevarna och baronerna, de såta jägarna, vaknar upp en efter en och släntrar ner i frukostmatsalen. Jag går upp och packar väskan för att åka hem. Jag ska lasta ut väskorna i bilen, men går vilse, jag hamnar på baksidan på något sätt. Tar fel dörr ut. Det står en pickup parkerad alldeles vid slottsväggen. På flaket ligger en sönderskjuten älg. Det är en ganska hemsk syn, tungan hänger utanför munnen på den, ett stort djuröga blänker i pälsen. En man som jag inte sett förut surrar fast älgen med rep. Jag förstår inte vad det här betyder.

"Vad är det här för älg?" frågar jag.

"Det är en älgko."

"Var det nån som sköt den i går?"

"Ja. Och berätta gärna vem av er det var så ska jag nita honom."

Jag tittar stumt på när han binder fast djuret på flaket. Han är mörk i uppsynen. Uppriven.

"Jag förstår inte", säger jag. "Jag jagar inte, jag kan inget om sånt här. Vad är det som har hänt?"

Han tar en paus, ett steg tillbaka, torkar sig under kepsen.

"Det här är en älgko. Älgkor är mammor till kalvar. Och

skjuter man mamman så springer det runt älgkalvar som inte klarar sig. Därför får man inte skjuta älgkor. Man gör det bara inte. Det är olagligt."

"Vad ska du göra med älgen nu?"

"Jag ska flå den. Och sen ska jag åka ut med skinnet till den plats där idioten sköt den, och så ska jag hänga upp skinnet i ett träd."

"Varför det?"

"Då kommer kalvarna tillbaka. De är där ute nu, förtvivlade. De söker efter sin mamma. De har letat hela natten. De ger inte upp förrän de hittar henne. De känner igen sin mammas lukt. Så när jag hänger upp skinnet kommer de hitta det."

"Och vad ska du göra då?" frågar jag.

"Då måste jag skjuta kalvarna. De klarar sig inte."

Jag tar ett steg fram och betraktar älgmamman. Hon måste varit ett stort och ståtligt djur i skogen. Jag tänker på kalvarna, som hela natten löpt genom skogen på jakt efter henne. Och här ligger hon på flaket på en pickup med tungan utanför munnen. Bara för att hon kom lite för sent eller lite för tidigt till fel dunge. Också hon i ofas med livet.

Sigge
TIDEN SOM BERÄTTELSE

Jag går ut på gatan och inser att sommaren definitivt är över. Det är något i luften, en friskhet i septemberluften, som bara kan innebära en enda sak.

Fräschören passar väl ihop med upplevelsen av *nystart* jag känner. Allt det jag funderat på under sommaren ska nu omsättas i handling. Det är en fin och ansvarsfylld tid på året.

Problemet är bara att drömmarna inte är helt enkla att återkalla. De som kändes så tydliga och akuta på en strand eller på ett flygplan bara några veckor tidigare, är inte lika självklara och enkla att förverkliga i praktiken. Särskilt om man inte minns dem i detalj.

En av dem kommer jag dock ihåg, tydligt. Löftet jag gav mig själv att börja i terapi.

De plötsliga ångestattacker som jag drabbades av under sensommaren påminde mig om hur jag mådde när jag var tjugo till tjugofem år. Under de senaste tio åren har jag sluppit sådant. Kanske för att vardagens intensitet har trängt undan det, helt enkelt. Vem har tid att fundera på existentiella frågor när blöjorna är slut eller en fyraåring har vinterkräksjuka eller tre gymnastikpåsar ska packas i gryningen?

Nu är barnen äldre och då uppstår utrymme igen, att fundera på sitt eget mående.

När jag berättar för Alex att jag överväger terapi blir han uppenbart upphetsad, kladdar ner olika telefonnummer på lappar och säger att jag omedelbart borde boka tid, att jag aldrig kommer att ångra det.

Träden i Tegnérlunden är fortfarande gröna, men när jag passerar under dem på väg mot min första session noterar jag att ett och annat löv singlar ner mot marken. Det är nästan kusligt med vilken exakt frekvens de faller, ungefär var tredje sekund. När jag slår in koden till terapeutens port ser jag hur mitt finger darrar. Kanske är detta en viktigare stund för mig än jag intalat mig. I så fall måste jag ta vara på den, tänker jag, och i hissen upp beslutar jag mig för att till varje pris vara ärlig när jag nu förväntas berätta om mitt liv. Jag ser mig i spegeln och svär på att inte hålla tillbaka någonting. Allt ska fram.

Terapeuten är en sval och lågmäld kvinna i femtioårsåldern, stilrent klädd i ljusgrå kofta och svarta tajta byxor. Hon är precis så osentimental som jag föreställt mig att terapeuter är; jag hinner knappt sätta mig ner i fårskinnsfåtöljen innan hon ber mig förklara varför jag är där. Ingen djupare presentation än så, inget kallprat. Vi är igång.

Jag är bara där i fyrtiofem minuter, men när jag kommer ut på gatan är jag omskakad. Inte på grund av vad hon sa, utan på grund av det jag själv sa. Jag är inte förvånad över fördelningen – jag talade nittiofem procent av tiden. Det är så jag föreställt mig att terapi fungerar, att terapeuten framför allt är en katalysator, att det är patienten som pratar. Ändå är jag chockad över vad som hände där inne i rummet, över den flod som rann ur mig. När jag väl satt igång fanns ingen hejd på babblet.

Framför allt blir jag fundersam över mitt sätt att beskriva min historia för terapeuten. Den kom så naturligt att den blev onaturlig. Jag vet ju av erfarenhet att den som stöper sitt liv i en fyrtiofem minuter lång berättelse, den måste så klart förenkla så mycket att resultatet liknar lögn, men det hade skett med en sådan ledighet – jag skulle nästan säga kaxighet – att jag nu efteråt känner mig smutsig.

Känslan påminner om den jag ibland känner när jag försökt skriva självbiografiskt. Det är som att jag inte kan bestämma mig för vad som är tillåtet, och så har texten varken blivit hackad eller malen. Hur mycket får jag förenkla innan berättandet bara blir en saga? Skrivandet är, liksom föräldraskapet, ett kontinuerligt misslyckande i det att jag aldrig uppnår det jag förutsätter mig att göra.

När jag hör andra berätta om sina liv är jag mycket mer okritisk. Jag älskar till exempel att lyssna till Alex när han berättar om sina år på *Se & Hör* eller på Stureplan.se, och i stunden skiter jag i om han förenklar eller saltar historierna – han *underhåller* ju mig.

Om man ska sammanfatta ett liv i ord måste det självklart förenklas, och dessutom är själva poängen med både självbiografiskt skrivande och terapi – antar jag – att renodla, att skala av, för att se vilka mönster som återkommer i ens liv.

Ändå uppstår alltså konflikten, både hos terapeuten nyss, och när jag skriver. För i samma ögonblick som jag stöper det förflutna i en berättelse börjar jag förlora kontakten med orden.

Nu sitter jag på en parkbänk i Tegnérlunden och ryser vid minnet av allt jag sa under den första terapisessionen. Det är samma gamla story om den självupptagne fadern och den olyckligt förälskade sonen som växte upp osynlig. En berättelse som inte på något sätt är osann, men jag har berättat den så många gånger att den inte längre känns förankrad i mig.

Det tycks vara ett olösligt mysterium, detta att jag inte kan komma undan känslan av att jag bluffar varje gång jag ska summera mitt liv. Jag vet att det en gång var avgörande för min utveckling att sätta ord på allt. Då, för tio år sedan när jag skrev boken om min barndom, befann jag mig i en kris. Jag hade inte haft kontakt med min pappa på länge, jag hade stora problem med relationer, och jag behövde se mitt liv utifrån – som en *berättelse* – för att få översikt, för att kontrollera kaoset. Och det hjälpte. Skrivandet av boken blev en vändpunkt.

Sedan dess har jag blivit äldre. Jag har själv fått barn och tror inte längre att det går att sammanfatta en barndom på tvåhundra sidor.

Alex förhållningssätt till sina egna texter fascinerar mig. Han verkar – i alla fall med jämna mellanrum – uppriktigt nöjd och glad över dem. Kanske har det att göra med att hans skrivande till syvende och sist är ett sätt för honom att återförenas med sin pappa, och att hans mål därmed är tydligare: När texten påminner honom om en känsla – känslan av att vara barn, känslan av att vara med sin pappa – så blir han nöjd. Jag kan avundas detta. Mitt mål är mer otydligt, om jag ens har något.

Jag reser mig från bänken och vandrar hemåt. Det kanske är inbillning men jag får för mig att människorna jag möter på gatorna går långsammare än de brukar. De ser ovanligt eftertänksamma ut, blickar uppåt i stället för ner i gatan. De upplever kanske också september som ett slags nyår, och går kanske också och funderar på sina liv.

Jag tänker att allt historieberättande är någon sorts bluff eftersom alla historier per definition är en illusion. En chimär av att ett antal händelser hänger ihop.

En gång gick jag en kurs i manusskrivande där läraren sa: "Låt oss säga att en film börjar i mörker. Sen, plötsligt: ljusstrålar i fjärran. En bil kommer körande på grusvägen och parkerar en bit bort. Framljusen släcks. Händelsen är spännande för oss, för bilen är gåtfull! Det väcks flera frågor. Vem kör den? Varför stannar den? Om vi såg samma sak i livet, om vi promenerade hem genom stan och såg en bil parkera en bit bort, så skulle synen vara meningslös för oss."

Nu tror jag att jag förstår vad han menade. När den där bilen kommer körande blir vi nyfikna på den eftersom vi vet att den är en del av den kommande *berättelsen*. Det uppstår en förväntan i oss. Och förväntan är spänning.

Denna förväntan förekom också i terapisamtalet. Jag hade ju laddat inför terapimötet i flera veckor, och när jag väl satt där hade en förväntan byggts upp om vad som skulle hända i det där rummet. En längtan efter förlösning. Därför berättade jag en fyrtiofem minuter lång saga om mitt liv. Och varje gång jag tappade tråden, eller kände att berättelsen blev svag eller otydlig, så tog jag till något dramaturgiskt knep och lyckades på så sätt undvika ovissheten, den skrämmande ovissheten.

Det kanske mest använda dramaturgiska knepet är *hotet*. Jag inser nu hur mycket jag använder det, när jag berättar om mitt liv. Det är inte medvetet, det sker av gammal vana. Genom att antyda att det finns någonting där ute som vill oss illa, som vi kämpar mot, blir berättelsen om våra liv mer sammanhängande.

Ändå är det motstånd vi upplever sällan verkligt.

Jag tänkte på det nyligen när jag såg *Hobbit* och dvärgarna talade så upphetsat om "Sauron". Ur-mörkret, ur-ondskan, ur-fienden, som också förekommer i *Sagan om ringen*. Trots att Sauron aldrig skildras i detalj kändes det verkligt för mig, och antagligen för de flesta andra som sett filmerna. Jag gissar att konceptet ter sig så otäckt för att det förblir abstrakt. En mer detaljerad beskrivning skulle genast bli mindre skrämmande. Så länge den får vara symbolisk så projicerar vi våra egna rädslor på den.

Efter mitt terapimöte tänker jag att så är det också i våra liv. När vi skapar berättelsen om våra liv påstår vi att det är personer vi slåss mot. Eftersom det verkliga mörkret är för skrämmande att ta sig an, så projicerar vi det på föräldrar, elaka före detta flickvänner eller på konkreta företeelser som dödsskräck eller ekonomisk stress. Det är tragiskt egentligen, hur denna missriktade energi skadar oss själva och våra närstående.

Jag stannar till på gatan utanför vår port. Tänk om man i stället kan gå till strid mot det *egentliga* hotet, självaste Sauron, och vinna över det? Frågan är bara hur man gör det. Det byter ju ständigt skepnad.

Hos terapeuten påstod jag att min "Sauron" är konkret. *Skräcken för ensamheten, skräcken för att bli lämnad.* Det lät bra i stunden. Det kändes bra, för när mörkret förkroppsligas av vändpunkter (mina föräldrars skilsmässa), personer (min pappa), och scener (hans oförmåga att se mig), så hålls drömmen vid liv om att smärtan går att utplåna.

Och nu är jag där igen. Jag är fyrtio år gammal och bygger ännu en berättelse för att en främling ska förstå mig. För att jag ska förstå mig själv.

Det är patetiskt men vi gör det allihop.

Vi ger oss inte. Sitter på jobbet, i sovrummet med vår partner, i terapifåtöljer – och berättar och berättar och berättar.

Vi berättar, för vi vet att när vi lyckas, så uppstår en magisk känsla, lika förtrollad som när någon annans berättelse tar tag i oss i en biosalong eller när vi läser en bra bok, och vi *dras in*. Då blir berättelsen sann. En röd tråd löper genom handlingen. Det verkliga livet är däremot spretigt och vildvuxet och fullt av en massa irrelevanta karaktärer, trådar som aldrig plockas upp och diffusa slut.

Den där kvällen efter det första terapimötet är jag mentalt frånvarande. Jag drar mig undan från familjen och gömmer mig i badet. Jag legitimerar isoleringen för mig själv med att jag är på väg att förstå något viktigt. Själva sessionen har gått åt helvete. Jag har kört mina gamla berättarknep, och hållit avstånd, men självföraktet efteråt har betydelse. *Det* är kanske användbart.

Jag går ut i vardagsrummet. Familjen har somnat och jag ställer mig i morgonrock vid fönstret och ser ut. Kroppen ångar och hettar.

Nu är det bestämt. Ju mer jag tänker på saken desto mer

avgörande känns beslutet. Jag ska använda terapin till att undersöka vad som finns *bakom* berättelserna, inte ägna ännu fler timmar åt att reda ut släktintriger. Och nästa skrivprojekt ska bli fiktivt, inte självbiografiskt, så måste det bli, det vet jag nu. Genom åren har jag vänt på varje barndomssten, djupintervjuat varenda släkting, studerat varenda dagbokssida från mina tonår. För att komma vidare måste jag sluta med sådant och i stället undersöka det som är allmänmänskligt, de djupliggande drivkrafterna och känslorna, som vi alla delar. Resten är bara fernissa.

Den stora gåtan är de gemensamma kraftkällorna, för det är de som styr oss, egentligen. Den avgörande frågan är inte längre "Vem är jag?" utan "Vilka är *vi*?".

Då hejdas jag plötsligt i tanken. Ett ljud nedifrån gatan. En bil kommer körande från Odenplan och svänger in på Upplandsgatan. Ljuskäglorna sveper över asfalten och glimmar till i fasadens fönster. Den bromsar in och parkerar på andra sidan gatan. Sedan slocknar ljusen. Och jag sträcker på mig, uppmärksam på allt som händer. Den där bilens närvaro är spännande, den *betyder* något – det känner jag med hela mitt väsen.

KAPITEL 8

UR LED ÄR TIDEN

•

Där Sigge hjälper sin son med en hemläxa och sakta förvandlas till sin egen pappa

Där Alex köper ett sexpack ägg till den han älskar, förlorar oskulden på ett våldsamt sätt och sedan får nobben så brutalt att han börjar sparka in papperskorgar

Sigge
TIDENS OORDNING

Det är genant, egentligen. Min son kommer hem och behöver is till en skoluppgift om hur temperatur fördelas, och det slutar – som vanligt – med att jag blir föreläsare när jag borde vara bollplank.

Bara några minuter senare är jag på väg till mataffären för att köpa ett kilo party-is, en matlagningstermometer och en transparent blomvas för att på det mest pedagogiska sätt genomföra uppgiften.

Inte förrän jag köpt allting, och är på väg tillbaka till lägenheten med de tunga kassarna i händerna, råkar jag få syn på min spegelbild i ett skyltfönster – och stannar upp. Jag ryser till, för där står ju min pappa.

Samma småleende till och med.

Min barndom var präglad av just denna typ av manisk hjälpsamhet som egentligen var en förtäckt enmansshow. Jag eller min bror kunde ställa en enkel fråga till honom och omedelbart kidnappade han samtalet – *showen* var inledd.

En gång kom jag hem från skolan och berättade för honom att jag börjat läsa boken *Utvandrarna*. Jag hoppades få prata med honom om den, men genast började den halvtimmeslånga föreläsningen om Vilhelm Mobergs 40- och 50-tal. Inte en enda fråga om vad jag tyckte om boken.

Jag ser på mig själv i skyltfönstrets spegelbild och ser hur klichéartat det är, detta att vi *blir våra föräldrar* ... Det sker subtilt till en början. Ett sätt att sucka, ett litet veck i näsroten, hur man håller gaffeln. Det är oförklarligt egentligen att dessa åtbörder funnits i oss, latenta, i många år – och sedan dyker upp.

De senaste åren har jag till och med börjat vissla som han. Denna enerverande käcka vissling som pågick oavbrutet under hela min barndom. När jag i tonåren började känna att jag genomskåda honom menade jag att den var symbolisk, att visslingen var ett uttryck för narcissism, att han visslade så glatt för att han gick omkring och var glad över att han var den han var.

Nu sker det dagligen att Malin ber mig sluta vissla, och i de stunderna är jag alltid omedveten om att jag börjat. Men när hon säger ifrån hör jag mig själv utifrån; det är samma muntra fågelkvitter som han gav ifrån sig.

Och nu blir det så tydligt. I stället för att hjälpa min son att genomföra sin skoluppgift, är jag på väg hem för att genomföra den själv, precis som min pappa brukade göra när jag visade mina läxor för honom.

Jag börjar gå igen, men nu betydligt saktare.

Det är absurt. Om det inte var så oförklarligt skulle jag kalla det skrattretande, att jag är på väg att bli det som jag ägnat så många år att bekämpa.

Kan det handla om att vi helt enkelt ger upp? Vi är experter på våra föräldrars sätt att hantera smärta, och frestas därför att kopiera dem. Det är en behändig lösning för att hantera vår egen ångest.

Föreläsandet, till exempel, är ju i grund och botten ett uttryck för en social inkompetens. Den som är dålig på att i grunden möta andra människor, kan i föreläsningen ändå intala både sig själv och den andra att ett möte sker. Föreläsaren håller låda och mottagaren lyssnar noga, och ställer frågor. Då känns det som ett möte, för båda två, fast det inte riktigt är det.

Jag vill inte hamna där att jag börjar hålla monologer så fort jag blir socialt nervös, ändå ser jag att jag hemfaller till det, gång på gång. Det är befriande för mig, men det är en katastrof om det sker med barnen, det får inte ske med barnen. Hur kan det ske med barnen?

Jag tar trapporna upp, och hör plötsligt min pappas vissling eka i trapphuset. Jag stannar upp. En ovanligt käck tolkning av franska nationalsången – som nu tystnar. Jag kniper ihop läpparna och fortsätter upp.

Väl inne i lägenheten är jag uppmärksam på mitt beteende, och ser till att vara passiv. Jag tar ett steg tillbaka medan min son placerar tolv isbitar i en liter vatten och ritar upp en tabell med olika kolumner för att dokumentera smältningen. Flera gånger känner jag mig frestad att rätta honom, eller ge tips om hur han bör effektivisera arbetet, men jag lägger band på mig och förblir tyst. När han är klar lämnar han rummet, och jag ropar efter honom: "Vart ska du?"

"Jag ska spela Playstation", svarar han.

"Ska du inte se vad som händer?" frågar jag.

"Det lär ju dröja en stund."

Sedan sitter jag där ensam, med blicken fäst på isbitarna, för att följa skeendet.

Efter tio minuter har inte mycket hänt, så jag underhåller mig själv med att låtsas att det jag ser är Ishavet i genomskärning. Snart ska Titanic komma tuffande och få sin ena långsida uppsliten av isen. Men snart ger också jag upp och tar en paus för att titta på teve.

När jag återvänder någon halvtimme senare har isen krympt betydligt, och jag ropar på min son, som slänger en besviken blick på vasen: "Den har ju inte smält ännu." Han gör en ansats till att lämna rummet. "Nej", säger jag och pekar, "inte helt, men delvis!"

Vi ser på varandra.

Jag känner hur konflikten utkämpas i mig. Å ena sidan vill jag inte vara som min pappa, å andra sidan är instinkten att förklara så enormt stark.

Jag kämpar emot men till slut vinner instinkten över förnuftet och jag berättar att det vi ser framför oss här – nu när isen smälter och vattnet kyls ner – är ett exempel på det som kallas termodynamikens andra lag, den lag som säger att i varje slutet system så sprids värmen ut så att alla delar av systemet till slut har samma temperatur. Om jag minns fysiklektionerna rätt. Han lämnar rummet.

Jag är ensam kvar, igen, och i väntan googlar jag visslande på "termodynamikens andra lag", för att kunna berätta om den för honom. Det kan väl inte vara så farligt att jag ser till att min sons läxa blir gjord ordentligt?

På Wikipedia läser jag att den tydligen går att applicera på annat än temperatur – den säger att *alla* slutna system tenderar att jämna ut sig, i det att de alltid strävar mot oordning. Precis som när temperaturen fördelas. Ordningen "is" och "ljummet vatten", blir oordningen "kallvatten". Står vattnet framme i ett normaltempererat rum blir detta kallvatten efter ett tag "ljummet vatten", när dess kyla sprids i rummet.

Det är just den här typen av beskrivningar som åter gör mig till en barnsligt nyfiken sextonårig elev på naturvetenskaplig linje. Att det finns formler för hur det *alltid* går till, i *alla* fall, tack vare de naturlagar som *alltid* styr över *alla* ting. Det finns något betryggande i dessa eviga strukturer som skär genom kulturer och tidsepoker. Till skillnad från beskrivningarna av våra liv, som av nödvändighet innehåller förenklingar, så är idén med de vetenskapliga formlerna att de ska vara en spegling av verkligheten, utan omskrivningar.

Jag lutar mig fram och ser på isen. Även om förändringarna är mikroskopiska, ser jag hur vattnet omkring isbitarna förvrider ljuset på ett lite annorlunda sätt, som att den mest närliggande millimetern vätska är mer trögflytande än resten.

Kanske är det en slags förbannelse också, tänker jag nu, att jag var så besatt av naturvetenskap under de viktiga tonåren. Det var där och då som jag började drömma om att också psyket kanske kan beskrivas i objektiva termer, med vetenskapliga modeller. Många gånger har jag tänkt att det är just det som förstört mina chanser att någonsin skriva någonting riktigt bra, eftersom jag förr eller senare, i allt jag skriver, börjar teoretisera. Det sker med mina romankaraktärer och det sker med handlingen – på ett sätt som blir styltigt i en roman.

Jag hatar mig själv för det varje gång, men kan ändå inte motstå frestelsen. Trots att recensent efter recensent påpekat det – och trots att jag själv *känner* det när jag läser mina egna texter – så är instinkten att förklara starkare än drömmen att skriva bra litteratur.

Allt hänger ihop, allt är sammanflätat.

Min oförmåga att närvara i nuet, min komplicerade relation till min barndom och pappa.

I terapin närmar vi oss detta, steg för steg. Men jagets kärna är hård som en atomkärna. Ibland när jag sitter där och famlar i fårskinnsfåtöljen får jag flashbacks till hur jag som barn med frusna fingrar försökte fingra upp en hårt snörad skridsko. Allt är sammanflätat, men trådarna är så förbannat hårt spända.

Efter skilsmässan började jag på naturvetenskaplig linje och såg i fysiken och kemin en befriande renhet, som existerade på ett annat plan än de mänskliga relationer som var så flytande och oförutsägbara och som gjorde så ont. Det är klart att det var tilltalande för en sökande sextonåring att försjunka i de matematiska beräkningarnas exakthet. Om saker var sammanflätade i matteboken gick de att knyta upp genom att lösa ut x eller beräkna roten ur y. Medan mina kompisar inledde sina första kärleksrelationer, satt jag hukad över de rutade kollegieblocken i min mammas kök om kvällarna och njöt av hur ekvationerna föll ut så elegant.

Där inleddes en ny nivå i utanförskapet, och där anammade jag ett sätt att betrakta världen på som är så djupt rotat i mig att jag ibland undrar om det någonsin går att bli av med.

Häromdagen i terapin talade vi om någonting som kändes viktigt, och jag fick plötsligt en utomkroppslig upplevelse. Jag hörde mig själv tala, och för första gången kunde jag i detalj se hur en monolog spårade ur, hur det gick till när jag hamnade på avvägar, när jag började *förklara* i stället för att känna efter. När det hände ville jag gråta – så illa berörd blev jag. Det skedde så omärkligt, så lömskt, hur jag plötsligt tappade kontakten med ursprungsämnet, med mig själv.

Jag har länge känt till problemet, men nu blev det så tydligt.

Det är djupt rotat. Då och då under årens lopp har jag trott att jag gjort framsteg, men snart har jag varit tillbaka i teorierna igen.

Men det finns undantag. Perioder då jag varit i full kontakt med mina känslor, under längre perioder. Som när vi bodde i Göteborg, när jag precis hade träffat Malin, och när barnen var mycket små.

De åren var så magiska att de gick att mäta med barndomens. Upplevelserna var lika intensiva. Att ligga vaken om natten och se rakt in i min nyfödde sons stora svarta ögon, som bottenlösa brunnar som såg på mig. Hans lilla hand som sträckte sig mot min kind. Och jag pussade honom på munnen, och en salivsträng hängde mellan våra läppar, och jag hade inga förklaringar, bara en stark upplevelse i stunden av att det här är en förälskelse. Varför har ingen berättat att det är en förälskelse?

Jag sjönk inte.

För första gången befann jag mig tvärtom i en rörelse som lyfte mig. Jag svävade ovanför all självkritik. Jag levde i en främmande stad, och det i sig var också befriande. Jag kände ingen i Göteborg, hade ingen historia där, och det gjorde att jag kände mig pånyttfödd.

Men sedan gick åren, och vi flyttade tillbaka till Stockholm. Barnen blev äldre och kraven på mig ökade, och livet blev tätare och tyngre.

De gamla sorgerna, som jag trodde var färdigbearbetade och arkiverade, gjorde sig påminda. Jag sjönk igen.

Jag sjönk, och sjönk, tills jag stapplade in i terapeutens hall, hösten 2014, och vädjade om hjälp.

Jag tar temperaturen en gång till, men konstaterar att vattnet bara sjunkit en tiondels grad, och går därför tillbaka till vardagsrummet och teven.

På *Aktuellt* berättas det åter igen om internatskolan Lundsbergs stängning. Högsta förvaltningsdomstolen har nu accepterat beslutet, rapporterar nyhetsuppläsaren. Jag ser än en gång bilder av gråtande elever och lärare på skolgården. En kritiker av skolan uttalar sig och säger att stängningen är ett hälsans tecken, eftersom den typ av "maktkoncentration" som bibehålls genom överklasskolor som Lundsberg är osund. Nu, menar han, luckras strukturen upp, och detta är oundvikligt i ett modernt system.

Jag ler för mig själv. Han kunde lika gärna kunnat prata om isen i vasen ute i köket. *Koncentration som fördelas*, i ett *system*. Han talar om makt i stället för energi, men makt är ju latent energi. Och jag kan inte låta bli att leka med tanken: Tänk om termodynamikens andra lag också går att applicera på samhällsutvecklingen? Att samhället också strävar mot oordning. Och att Lundsbergs stängning är ett exempel på detta.

När jag ser eleverna gråtande stappla ut på skoltrappan så ler jag åt parallellen. Termodynamikens andra lag säger ju att ordning kostar mer energi än det oordnade alternativet. Och så är det ju med Lundsbergskulturen: Nog kostar den typen av överklassmanifestation mer energi för samhället än den ger, och därmed bryts den ner nu – och skolan stängs. Liksom isen bryts ner och blir vatten. Liksom ojämlikhet mellan könen kostar mer än alternativet, och därför också är på god väg att brytas ner.

Jag minns att vår fysiklärare i gymnasiet drog en parallell till städning när hon skulle illustrera termodynamikens andra lag. Hon sa att det tar mer energi att städa ett rum än att låta det stökas ner. Därför "strävar" rummet mot stök, snarare än tvärtom.

Även jag drömmer om att stöka till lite, i mitt inre.

Det är ju på sätt och vis det jag pratat om i terapin, den senaste tiden: Att jag vill bryta ner berättelserna, och förklaringarna, som jag så ofta skyddar mig med, och se livet för vad det egentligen är – ögonblick, impulser, underliggande drivkrafter. Att bryta ner samhällsstrukturerna handlar om samma sak – att sluta tro på sagor.

Efter nyhetssändningen går jag in i köket igen. Isen är helt smält nu.

Jag går in till min son för att berätta att experimentet är klart, och att det är dags för den sista temperaturmätningen, men han har somnat framför sitt Playstation. Jag stänger av konsolen, drar ett täcke över honom och stänger försiktigt dörren.

Jag får en impuls att ringa min pappa, men jag hejdar mig. Jag vet inte vad jag vill säga honom, eller vad det skulle tjäna till. Ändå slår hjärtat hårt i bröstet på mig vid själva tanken på att slå hans nummer.

Utanför regnar det nu. Små rännilar på rutan som glimmar av gatlyktorna.

Jag vänder mig om och ser experimentet på bordet. Jag lyfter upp vasen och tar flera djupa klunkar av det kalla vattnet. Det smakar friskt och rent. Sedan sträcker jag mig efter telefonen.

Alex

ETT LITET GLAPP I TIDEN

Med havet till vänster och solen till höger kör jag väg 148 söderut, från Lärbro till min lada på Gotland. Det är sommarens sista dag. För bara några veckor sedan blickade jag ut över den magiska, oövervinnerliga, okrossbara sommaren och kände: Den här kraften, den rår ingenting på. Men så hände det, stegvis började sommaren bedriva sin ledsamma kohandel med hösten. De första syrsorna kom, de första äpplena började falla i trädgården, växterna började sloka i vägrenen, och nu är det alltså över. Det är så bisarrt att detta inträffar år efter år.

I morgon bitti åker vi hem. Jag kommer fram till ladan och gör den typen av saker som man alltid gör den sista dagen på semestern. Jag halar in vattenslangarna, bär in utemöblerna. Jag ordnar med soporna. Jag tar ett rejält grepp på grillen, rengör den ordentligt, skrapar den med stålborste så att det inte ska bli som förra året då matrester låg kvar på gallret över vintern och när vi kom tillbaka så var hela grillen liksom luden, som om en kanin hade krupit upp och dött där.

Jag ställer bilen på gårdsplanen, den står med alla dörrar

uppfällda, som en flygande skalbagge av metall, och det gäller att vara klok nu, alla ytor i bilen måste nyttjas och jag är som pappa, ingen får packa bilen utom jag. Resten av familjen bär ut packningen och lägger ner den i gräset bredvid och försvinner för att hämta mer och jag står där med väskorna vid mina fötter och kisar in i bilen. Jag är den geniale arkitekten som ska se till att allt det här fungerar.

När jag är färdig går jag till stenugnsbageriet som ligger ett par hundra meter bort. En sista kopp i min ensamhet. Uppför slänten kommer en kille i tonåren. Jag skälver till, för det är som att det är jag som kommer in, som tonåring. Han är så lik mig när jag var ung. Lika lång, samma spensliga kropp, framåtlutande gångstil. Han är skör och han vill inget ont. Han påminner så mycket om mig att jag genast ömmar för honom. Han får syn på mig – och vandrar plötsligt rakt mot mig. Det är kusligt – vad vill jag mig själv – och han sträcker fram handen och hälsar och öppnar munnen för att prata, men det kommer inga ord. Bara en grimas. Han står ganska länge så, med ansiktet förvridet. För många skulle nog den där tystnaden uppfattas som märklig, som att han ville driva med mig eller så, men jag finner den helt naturlig, för jag vet precis vad som händer. Jag märker det på ansiktet och hur hans läppar vibrerar. Han är en stammare. Precis som jag. Och när jag var sjutton år stammade jag precis på samma sätt. Han vill bara presentera sig, men det tar trettio sekunder. Han kämpar med de mjuka konsonanterna. Han har svårt för bokstaven "L" i början av ord. Jag ser hur han arbetar, följer det med fasa, för det där är ju jag som kämpar, inte han.

Jag tänker på mig själv i hans ålder. Jag går i Farsta gymnasium och jag är kär i Sofia Karlkvist, men hon vill just inte ha mig. Eller, det är svårt att veta vad hon vill, för jag vågar inte meddela mig med henne. Jag tittar efter henne på håll. Känner hennes doft när hon vandrar förbi mig. Det är en längtan efter kärlek som är fysisk, jag blir tokig av att inte få henne, ibland sparkar jag in papperskorgar på stan i förtvivlan eller raseri eller vad det är. Frustration! Till slut vågar jag fråga om hon vill ta en kaffe med mig och det vill hon. Vi åker till Söderhallarna på Södermalm. Vi beställer in räkor med saffransris i vitvinssås. Det fladdrar i magen när jag gör beställningen, för det känns farligt. Vitvinssås – får jag beställa det? Eller måste jag vara myndig? Dejten är svår för mig, det är inget samtal jag är stolt över. Jag stammar värre än på länge, jag glömmer bort vilka samtalsämnen jag förberett i min lista och ibland sitter vi tysta och hon tittar ut och jag tittar ner i maten, äter intensivt. Det smakar lite vin, det gör det. Kan det hända att vi snart blir berusade? Jag kan inte släppa idén att Sofia sitter här av medlidande för mig. Vi beställer kaffe. Jag tänker att hon snart säger att hon måste sticka, men det gör hon inte. I stället öppnar hon sig för mig. Hon säger att hon är en svår person att vara med. Hon pratar om sitt ex. Jag tycker det är ett så vuxet ord, "sitt ex". Jag har inget ex. Hon säger att hon och hennes ex brukade bråka och då kunde han säga att hon var så hård, och då svarade hon att hon förstår att hon kan uppfattas som hård, men att hon är som ett ägg – hård på utsidan och mjuk på insidan. Jag tycker det är så sällsamt fint beskrivet, en sådan fantastiskt poetisk insikt om sitt eget väsen. Sofia är som ett ägg. Samma kväll köper jag ett sexpack med ägg som jag knyter en sidenrosett runt på mitt rum. Sedan går jag ut i vintern och placerar äggpaketet utanför hennes dörr borta på Larsbodavägen, för henne att upptäcka morgonen efter. På skolan sedan står jag mot någon vägg och väntar på en reaktion, men ingenting händer. Sofia går förbi, hon säger hej och är borta. Hon nämner aldrig äggpaketet och inte jag heller.

Tiden går, gymnasiet går. Jag är kär och olycklig. På en klassresa till Bornholm förändras allt. På tåget sitter vi bredvid varandra, hon lägger plötsligt sitt knä över mitt lår. Jag sitter vansinnigt stilla, skräckslagen. Hon tittar ut genom fönstret, som om ingenting över huvud taget inträffat. Jag överväger möjligheterna. Jag lägger en hand på hennes knä. Hon invänder inte. Hade jag varit modigare hade jag smekt henne försiktigt där, låtit handen glida över hennes utsträckta ben. Men det gör jag inte. Jag vågar inte röra mig en millimeter. Handen ligger där den ligger, det är en död hand på hennes knä. Efter en stund byter hon ställning, hon lägger sig nu med huvudet mot min bröstkorg. Det är inte klokt – att det faktiskt händer. Sofia Karlkvist ligger mot mitt bröst och försöker sova. Det är uppror i systemet, mitt hjärta bultar mot hennes tinning. Det är klart att hon känner det. Hur kan hon sova i detta tumult?

Dagen efter förlorar jag min oskuld. Det blir misslyckat, jag tappar kontrollen över mig själv och märker inte att hennes huvud slår mot sängkarmen. Jag är i trance, jag är någon annanstans. Jag hör bara ljuden av bakhuvud mot trä, men kan inte koppla det till stunden. Det är först när hon ropar "AJ" och "SLUTA" som jag kommer till sans.

Vi är ett par sedan. Vi går ut gymnasiet. Jag är lycklig och vill göra allt för henne, men hon försvinner långsamt ifrån mig, hon är elak och kall och det gör mig förvirrad, jag förstår inte varför. Jag märker ibland att hon skäms för mig när jag är med hennes kompisar och jag börjar stamma svårt. Hon gör slut över telefon. Jag försöker göra allt för att hon ska ändra sig. Jag köper en Walkman till henne, en "Philips elegant and slim" – jag förklarar för henne att det är vad hon är, elegant och slim. Hon tar emot presenten, men står fast vid sitt beslut, hon ger mig en lång kram och sedan går hon. Jag försöker ropa något efter henne, men det kommer inte ett ord, bara en grimas. Jag är ensam igen. Jag börjar åter sparka in papperskorgar i Farsta Centrum.

Det är därför det känns både obekant och välbekant när jag nu ser den här killen stå framför mig på bageriet på Gotland och kämpa med orden. Jag vet hur han har det, jag kan ana vilka papperskorgar han sparkat på. Jag frågar om han vill slå sig ner med mig. Vi sätter oss i växthuset på bageriet.

Det är så svårt, allt jag säger blir så platt. Han säger att det är jobbigt och jag säger: "Det blir bättre." Han säger att han drömmer om att skriva och jag säger: "Ge inte upp!" Vi äter baguette och dricker äppelmust. Att ta en fika med en yngre version av sig själv ger anspänning. Jag blir lite nervig och när jag blir nervig så kommer talfelet tillbaka. Jag börjar stamma. Och där sitter vi, två stammare i ett dysfunktionellt samtal, men aldrig har två personer varit så välvilliga till varandras defekt. Det här är kanske lite mer tidskrävande än ett vanligt samtal, men vi har all tid i världen. Vi ler och ger varandra tid.

"Men snälla, kom *igen* nu, Alex!"

Det är min lärare Gudrun som säger det. Jag står längst fram vid katedern, stum och lamslagen. I handen har jag en stencil med mitt manus i muntlig framställan. Alla i klassen måste göra det här, utan undantag. Jag har vädjat till Gudrun att få slippa, jag har sagt till henne att min stamning blir värre när jag ska prata inför många och att jag är rädd för att det ska gå dåligt och att de ska skratta åt mig. Men Gudrun är inte intresserad av att lyssna på de här sakerna, för alla ska upp och prata, punkt slut. Så nu står jag där och försöker få fram det här förlorade ordet. Och det är klart att det är hemskt, det är ett minne som följer mig in i döden – men den där stunden är också unik. Och om man, som jag, stammat hårt och länge så kan man till slut uppskatta känslan av att uppfatta världen på ett annat sätt än andra. Eller, att uppfatta tiden på ett annat sätt. Mitt i de där fasansfulla låsningarna så är det som om tiden stannar. Språket finns överallt och språk är melodi, hela tiden omges jag av människor som formulerar sig och kommunicerar och det är harmoniska toner som vandrar mellan människorna. När jag stammar så är det som om det skapas ett litet glapp i tiden. Allt kollapsar under en liten stund. Min stora melodi avbryts och det bara svartnar. Det pågår saker hela tiden, inne i mig och omkring mig, men när stamningen kommer så är det som om allt tystnar och tittar på mig. Det är inte bara för mig tiden hävs i den stunden, det händer allihop. Där i klassrummet är det så tyst, för där framme vid katedern står en pojke som upphäver tiden. I och med detta gör jag väl exakt det som Sigge efterlyser, jag bryter ner ordningen, både i mig och utanför mig – och skapar kaos. Jag hjälper termodynamikens andra lag på traven. Tyvärr ser jag märklig ut när jag gör det. Jag har vidöppen mun och slutna ögon, tungan vibrerar försiktigt mot gommen när jag försöker pressa fram det saknade ordet. Hur länge har jag varit tyst nu? Fem sekunder, kanske mer. Universum står blick- stilla. Tystnaden bryts av Gudrun.

"Men snälla, kom *igen* nu, Alex!"

Hon säger det i en utandning mitt i en suck, hon betonar ordet "igen". Det här skapar uppsluppenhet i klassen. En börjar fnittra och sedan följer andra efter. Jag fattar beslutet nyktert, så vill jag minnas det. Jag viker ihop stencilen och springer ut från klassrummet och hem. Jag hinner ut på skolgården innan gråten kommer. Dagen efter har ett nytt skämt skapats, som ska följa mig i många år framöver. På rasterna och vid skåpen suckar mina klasskamrater teatraliskt och säger "kom *igen* nu, Alex". Jag vill inte gå i skolan längre. Jag lägger mig i sängen när jag kommer hem och säger till mamma och pappa att jag är sjuk. Jag manipulerar termometern, när pappa går ut ur rummet så springer jag bort med den till skrivbordslampan och håller den nära glödlampan, så att den hettas upp.

"38,7. Du blir hemma från skolan i dag", säger pappa.

Och så där håller det på i ett par dagar, men jag gör till slut ett misstag, jag blir kaxig och slarvig, jag håller termometern för länge mot lampan – pappa blir misstänksam när han ser att jag har 42,5 graders feber. Han tvingar mig att berätta och när han får reda på vad som har hänt blir han rasande. Den stammande pappan som vill skydda sitt stammande barn. Pappa lärde mig tidigt att vi som stammar måste beskydda varandra.

När jag var femton år fick jag en roll i en amatörteaterpjäs i

Värmland. Jag var prästen i Selma Lagerlöfs *Kejsaren av Portugallien*. Jag var rädd för att jag skulle fastna på något ord och att allt skulle bli tyst, men pappa sa att jag skulle klara det. Han sa att jag bara skulle slappna av. Om jag inte tänkte på stamningen så skulle inte stamningen tänka på mig. Jag hade få repliker. Det skulle gå bra, det här. Jag minns premiären. Det var så nervöst. Men jag klarade det! Minns efteråt, när pappa kom springande mot mig bakom scenen. "Min pojke! Du klarade det!" Dagen efter hade *Värmlands Folkblad* en stor recension av pjäsen. Jag ville läsa, men pappa sa att jag inte skulle bry mig om det, men jag ville. Motvilligt gav han tidningen till mig. "Alex Schulman spelar prästen. Han är ärligt talat lite slapp i käften." Jag läste meningen om och om igen. "Det var ju bra", sa pappa. "Han tycker att du var avslappnad och bra." Mamma höll med. De lade undan tidningen. Jag förstod inte riktigt. Samma eftermiddag. Pappa telefonerade uppe på sitt rum, jag stod utanför. Han presenterade sig stilla, men genast höjdes rösten där inne. Stegrades, som om han själv hade förlorat kontrollen över den. "Han är femton år! Slapp i käften? Hur kan du skriva nåt sånt om ett barn? Han är femton år!"

Pappa var rasande. Han var så arg att han stammade.

"Skriv aldrig mer en rad till om min son."

Och så, i tystare tonfall.

"Om du gör det ska jag döda dig."

Han kom ut från rummet sedan och blev överraskad av att se mig där.

"Hej, min pojke", sa han.

Han log mot mig och rufsade mig i håret och gick ut. Jag älskade honom då.

När jag sitter där på bageriet på sommarens sista dag så är det speciellt. Skulle jag kunnat se det utifrån skulle jag uppfattat det som det mest rörande jag sett. Två stammare som tålmodigt och leende betraktar varandras defekter. Och vi ser hur den andre dyker in i ett svart, stumt hål och ögonen blir först stora och sedan sluts de och munnen är vidöppen och det kommer inte ut ett ljud och sekunderna går och ingenstans säger någon "kom *igen*", vi bara väntar vänligt på varandra. Och kanske finns det åhörare runt omkring oss som tycker att scenen är befängd, de tycker kanske till och med synd om oss. Det är inte synd om oss. Tvärtom. Vi har magiska krafter och nu sitter vi här och visar upp dem för varandra. Vi kan stanna tiden.

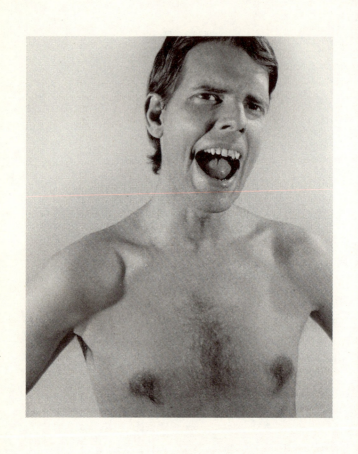

KAPITEL 9

ENSAM I NUET

•

*Där Alex äcklas av arten människa och könet
man på ett gym, fast mest äcklas han av sig själv*

*Där Sigge träffar mannen som gör allt han själv
borde göra och inser att han konstigt nog inte
är avundsjuk*

Alex
KRÄNKT OCH ISOLERAD

"Behöver du hjälp med maskinen", undrar en vänligt leende man bakom mig på gymmet. Han är instruktör, han har väl sett mig där jag stått och granskat viktmaskinskonstruktionen några minuter. Det är någon jävla benhistoria, obegriplig att förstå sig på, med reglar och spakar och vikter och anvisningar och bilder på människokroppen i genomskärning där man ser musklerna som röda pulserande strängar av kött. Jag läser och ser på bilderna men jag fattar ingenting, så ja, jag behöver verkligen hjälp med maskinen.

"Nej, tack, jag har koll", säger jag.

Mannen går vidare. Jag vill inte ha någon hjälp för jag hade inte tänkt bli förnedrad i dag, tack så mycket. Jag vill inte ha en instruktör som står där och leder ner min fetsmala kropp i maskinen och börjar gapa om hur jag ska sitta och dra och sedan börjar han skrika "BRA" och "TVÅ TILL" och hela gymmet vänder sig om och tittar på mig när han står där och gör narr av hur egendomligt svaga muskler jag har.

Jag sätter mig i stället och låtsas stretcha. Från golvet tittar jag på maskinen, nu på håll, betraktar den som ett sudoku, försöker lösa den. Försöker förstå vilka spakar som går vart. Jag tittar sedan på de vana gymbesökarna. De släntrar runt där med vattenflaskor i handen. De dricker på det där sättet som jag aldrig riktigt lärde mig när jag var ung, där läpparna aldrig riktigt nuddar munstycket, de sprutar vatten rakt in i gommen utan att tänka. De vandrar sakta mellan viktmaskinerna, lågenergiska och sorgsna, som om livet runnit ur dem, men så tar de plats i en muskelfarkost, fattar något handtag och blir plötsligt förändrade. Explosiva och farliga! De andas genom tänderna, utstöter kroppsljud, skrynklar ihop sina ansikten medan de pumpar vildsint.

Det här är fientligt område. Gymmet är som en fängelsegård där olika typer håller sig på olika platser. Där borta vid de fria vikterna finns grabbarna i linne som noggrant studerar sig själva i spegeln under sina övningar. Jag betraktar dem på håll, för de fascinerar mig. De har slutat bry sig om hur fåniga de ser ut när de står där och betraktar sina kroppar.

Där borta är avdelningen för cykelmaskinerna med unga tjejer i tofs och kritvita sladdar som löper från öronen ner i någon ficka. Målmedvetna blickar rakt fram, de cyklar och cyklar utan att komma någonstans.

Där inne till höger är medicinbollarna med tanter i lustiga kroppar som blir egendomligt utmattade av de allra enklaste övningar.

Gymmet är fullt av liv och rörelse och människor, men jag känner mig så märkligt ensam. Och jag känner det i kroppen, att den här ensamheten är något annat. Det här är inte att vara ensam på vanligt vis, det här är något värre – det är att vara ensam inför andra. Den rena ensamheten – den som innebär att man är i ett rum eller i en rymd utan andra människor närvarande – är en ganska enkel sak att hantera. Men det här är något annat. Det här är att vara i helvetet. Jag blir så plågsamt medveten om saker med mig när jag är ensam inför andra. Jag tänker på hur jag ser ut och hur jag rör mig. Hur går jag egentligen? Och när jag börjar tänka på hur jag rör mig så kan jag inte längre gå normalt. Jag är på samma gym som tjugo andra, men jag känner mig inte som en deltagare. Så är min ensamhet överlag beskaffad. Jag är aldrig ensam, varken hemma eller på jobbet, men upplever ändå ensamhet hela tiden. Jag känner mig utanför.

"Kör nu, för fan!"

Plötsligt hör jag kroppsljud från en man i stor smärta. Jag ser honom snart, där borta vid bänklyftet.

Oj.

Han är den här lokalens härskare.

Han är lejonkungen.

Stor och arg, på rygg med en skivstång mot bröstet. Alla förhåller sig till honom och hans övning, också grabbarna i linnen borta vid frivikterna. Hans vikter på skivstången är så stora att två män måste vaka över dem, beredda att ta emot om något går fel, för det här är en man som pressar sig till det yttersta. Han skriker på ett nytt sätt. Jag har aldrig hört det förut. Assistenterna skriker också.

"Bra, Gurra!"

"Du tar den, Gurra!"

Mycket riktigt, Gurra tar den. Han trycker upp skivstången och placerar den i klykan och reser sig belåtet och gör high five med sina beundrare.

Och själv sitter jag och låtsasstretchar samtidigt som jag försöker lista ut hur den här benhistorien fungerar. En man kommer fram till den maskin som jag försöker överlista. Han kan det här, det syns på hur han reglar på och pluggar av, viktar ner och skjuter upp – och så sätter han sig.

Ah! Så klart! Det är så man gör!

När han är klar går jag fram och sätter mig. Hakar i foten i gängan och så börjar jag. Men det händer inget. Vikten rör sig knappt en millimeter. Jag borde ändra den för mannen före mig var stark, men jag kan inte förnedra mig på det sättet. Han är ju kvar i lokalen, han kommer ju se mig när jag reser mig upp och tar bort vikter. Det är en omöjlig positionering från min sida. Nej, jag sitter kvar. Och jag tar i. För allt vad jag är värd. För mitt hem och mitt liv, min fru och mina barn. Det är då något går sönder inne i mig. I benet eller knäet eller vad det är. Det hugger till. Ljud av ben mot ben innanför huden.

Får inte skrika.

Får inte skrika.

Sammanbitet och lätt haltande går jag till omklädningsrummet.

Duschavdelningen. Det är så här jag tänker mig helvetet. Nakna män överallt som på olika sätt manifesterar hur tillfreds de är med sin egen och andras nakenhet.

Där står en man och rakar sig. Han skulle kunnat vira en handduk om midjan, men han avstår alltså. Han är naken, hans rumpa är sällsamt vit. Hans pung liksom ligger i handfatet när han lutar sig fram för att raka sig. Det är en bra snopp, den liknar en pojkarm som håller ett äpple i handen.

Två män står vid skåpen och pratar med varandra – nakna. De skyler sig inte, de bara står där och pekar på varandra med sina slaka penisar. Det är ofattbart. Ledigheten i det där! Att kunna ha ett samtal med en vuxen man, naken.

Jag går in i bastun. Stön och suckar och jämmer fyller rummet. Om man blundar så låter det som en sorgemässa, där ett antal män samlats för att begråta något fruktansvärt som inträffat. Men man blundar tyvärr inte. Man ser allt. Allt hår som finns överallt, männen som kliar sig i sina kroppsöppningar och de stönar och säger "oj" och häller på mer vatten. Det här är en bra miljö att odla förakt mot arten människa. Eller mot könet man. Jag hatar alla som sitter här inne. Hatar alla kroppar. Fast mest hatar jag min egen. På väg in i bastun gick jag förbi en spegel. Det var som om min egen kropps äcklighet gick till attack. Jag ser mig själv och ryggar tillbaka, som en vampyr som får solljus på sig.

Jag minns när jag blev fotograferad för en tidning för några år sedan. Jag var så smickrad över att få vara med att jag skulle gjort vad fotografen än bad mig om. Han sa åt mig att ta av mig på överkroppen. Jag kände mig illa till mods, men jag gjorde som han sa. Det var ett hårt slag när bilderna publicerades. Jag lider nämligen av inåtbröstkorg, och inte bara det: Det växer hår i en ring runt mina bröstvårtor. Det ser inte klokt ut, och jag måste raka mig rent runt vårtgårdarna ofta. Men den här gången hade jag missat det. Jag minns när jag stod i Pressbyrån och slog upp tidningen och såg bilden. När jag såg tussarna runt tuttarna. Minns självväcklet.

Jag sitter tyst på översta laven och tittar ner på mina fötter. Följer det hjärndöda samtalet mellan två trubbiga muskelbyggare.

Bastudörren öppnas.

Oj. Lejonkungen kommer in.

Vi makar oss på laven. Jag betraktar honom när han går till väggtermometern för att kolla värmen. Han har en liten snopp och det är en tröst. Den ser ut som en dimmerknapp. Jag får en impuls att trycka på den när han passerar, för att se vad som händer, men jag avstår.

När jag kommer tillbaka till omklädningsrummet ser jag att en man håller på att byta om vid skåpet intill det som är mitt. Det ringer i huvudet av oroliga känslor – så nära vill jag inte stå en annan naken man och se honom böka med kläderna. Jag kan omedelbart se framför mig hur han står där på ett ben och hoppar med kalsongerna och han tappar balansen och stöter in sin skinka i min och vi trasslar ihop våra kroppar i varandra och faller gemensamt mot golvet i en enda hög av kön och naglar och hår.

Så jag passerar mitt skåp, slår en lov och går tillbaka till bastun och där sätter jag mig – för att vänta ut honom. Det är kanske först när jag åter sitter där på laven som jag slås av att mina sociala fobier faktiskt hindrar mig från att leva mitt liv.

Jag är trettionio år gammal och låtsas basta för att jag inte vågar stå för nära en man i omklädningsrummet.

Det är starka saker. Rädslan som jag bär med mig, skräcken för att bli bortgjord. Tentaklerna är alltid ute, finns det någonting omkring mig som har potential att kränka mig? Jag vill bara inte att någon ska skratta åt mig.

Det här gör mig ensam i livet, för jag är hela tiden på min vakt. Jag skulle äta middag med en kompis för några dagar sedan. Dagen före middagen skickade han ett sms och skrev att han var tvungen att avboka. Omedelbart svarade jag honom att det passade bra, för inte heller jag kunde komma på middagen när jag tänkte efter. Några dagar tidigare träffade jag en kompis på stan. Vi stod och pratade en stund och till slut kollade han på klockan och sa: "Du, jag måste sticka." Ett normalt svar hade varit: "Okej, vi ses." Men jag kände mig kränkt. Jag måste rädda mitt ansikte, så jag svarade snabbt: "Jag måste också sticka."

Det där är ju bara onödigt. Fast för mig är det livsviktigt att inte riskera att hamna i den kränkta känslan. Därför ser jag till att avboka, jag också. Jag minns när jag för många år sedan skrev en roman och skickade den till Albert Bonniers Förlag. Nervös väntan på svar. Till slut fick jag ett brev där boken blev kraftfullt refuserad. Min första åtgärd var att snabbt skriva ett brev som jag bakdaterade tre dagar, så att de skulle tro att jag skickat det innan jag fått refuseringen, där jag skrev att jag härmed drar tillbaka mitt erbjudande om boken eftersom ett annat förlag redan nappat på manuset.

Så håller jag på, hela tiden. Men det finns värre exempel, tydligare. Jag var på möte hos en reklambyrå i Gamla stan. Coola killar med konstiga glasögon, T-shirts med tryck fastän de var över fyrtio år, konstiga accessoarer – någon av dem hade ett tidtagarur i ett halsband över bröstet, fastän han inte tog tid på någonting. Vi gick uppför en spiraltrappa mot konferensrummet och jag snavade på sista steget och snubblade till och drämde in smalbenet i ett soffbord. Det gjorde så satans ont. Man hörde ljudet av smalben mot mässing. De övriga kom förskräckta fram till mig för att se vad det blev av mig. Och jag kände ju på en gång. Det där gick inte bra.

"Det gick bra", sa jag och de tittade klentroget på mig när jag med en lätt haltning gick vidare mot konferensrummet. Problemet var bara att det blödde. Ganska ymnigt. Jag kände hur blodet rann längs benet ner mot foten. Och jag satt där och låtsades som ingenting under en timme och när vi var färdiga och jag skulle gå mot utgången så skrek någon "HERREGUD" och pekade på mina jeans. Det hade runnit igenom, det var blod överallt.

När jag var fjorton dolde jag blodet i träslöjden i skolan. När jag var trettionio dolde jag blodet i ett konferensrum på en reklambyrå.

Var kommer det här ifrån? Varför bryr jag mig så mycket om vad andra tycker om mig? Så här har det varit så länge jag kan minnas. Barndomen var fylld av händelser där jag hela tiden var bestört över att jag förlorade anseende. Jag vet inte hur många gånger jag skämts över mina föräldrar. Varje gång vi var på restaurang och mamma skickade ut mat. Jag tror aldrig jag gjort det. Vet inte hur det går till. Men mamma, hon älskade det! Minsta fel och maten skulle ut. "Den här kycklingen är faktiskt inte kryddad över huvud taget", kunde mamma mumla och peta med kniven i köttet. Pappa tog på sig glasögonen och tittade och hummade och jag visste att nu är det kört.

"Smakade maten bra", frågade en servitör.

"Nej! Faktiskt inte!" svarade mamma.

Det är ju bara en kontrollfråga från servitörens sida. Man svarar "ja" på den vad man än tycker. Det skulle aldrig falla mig in att skicka ut mat, även om den är dålig. Men mamma älskade det där. En annan gång, på en utlandssemester, var mamma mycket irriterad på att personalen var så snorkig. Hon fick en låsning kring det, kunde inte släppa det på hela middagen. Vi andra åt, men hon satt och tittade på servitörerna, hur de betedde sig mot gäster vid andra bord.

"Titta på den där. Han ler inte en enda gång", sa mamma.

"Nej, det är inte klokt", sa pappa.

Vi skulle beställa efterrätt. Pappa läste ur menyn och beställde glass och kaffe och avec. Under hela den ganska långa tid som det tog för pappa att beställa tittade mamma med förakt på servitören som antecknade i sitt block.

"Can you smile", frågade mamma till slut.

En isande känsla genom hela kroppen.

"Excuse me?" sa servitören.

"SMILE! Can you? Do you know how to do it?"

Mamma satte sina pekfingrar mot sina kinder och tryckte upp dem i en grimas som skulle föreställa ett leende.

"This is a smile! Do you know it? A SMILE!"

Servitören försvann.

"De är inte kloka här", sa mamma.

Jag antar att det var redan där som något grundlades. Alla i min familj rörde sig mot människor. De pratade, konfronterade, blev vänner med dem och ovänner med dem. Jag rörde mig bort från dem. Jag var ett ensamt barn. Och jag är en ensam vuxen man som hela tiden väljer att jämföra mig med människor i stället för att vara med dem.

Sigge
ENSAM DRÖMMARE

Jag går Götgatan söderut och redan vid Katarina Bangata händer det.

Min kropp reagerar. Det är som när man plötsligt inser att man råkat promenera in i en hotfull stadsdel, i en främmande stad. Kroppen vet, före intellektet. Fast det gått femton år sedan jag bodde på Ölandsgatan är kvarteren runt Skanstull fortfarande färgade av misslyckandet. Nu passerar jag videobutiken där hon och jag brukade hyra filmer, jag ser McDonaldsrestaurangen där vi ibland satt tysta mitt emot varandra och tuggade i oss våra hamburgare, ständigt med någonting outtalat vibrerande i luften mellan oss – och jag slår ner blicken i gatan för att slippa minnas.

Det är en fin sensommardag, hög himmel och uppfriskande små kastvindar, och jag försöker ignorera kroppens protester. Jag är på väg till ett podsamtal med filmregissören Ruben Östlund, och jag är för nyfiken på honom för att ställa in.

Jag är fascinerad över att jag har varit så fri från avund när jag läst om hans framgångar. Känslan inför mina jämnårigas böcker och filmer brukar sällan vara "ren", utan grumlad av avund.

Det är en av anledningarna till att jag tackat ja till mötet. Jag vill försöka förstå vad det är med Östlund som gör mig orädd. Kanske kan mötet förse mig med en nyckel som kan göra mig mindre avundsjuk också gentemot andra.

Avunden har präglat mig, från och till, under hela mitt vuxna liv – och jag hatar den.

Den har fortsatt att blossa upp, gång på gång, trots att jag sedan länge tycker mig ha genomskådat den.

En lördagsmorgon satt jag på ett kafé med Belle och råkade se rubriken på *Metro* på bordet intill: "Daniel Espinosa filmatiserar *Utvandrarna*". Jag slet till mig tidningen och läste snabbt artikeln – och sedan föll jag, handlöst. I mitt synfälts periferi registrerade jag att Belle pratade till mig, men jag hörde inte vad hon sa. I huvudet vrålade tankarna och jag famlade efter olika typer av försvar: *Hur har han mage? Kan han inte nöja sig med sina Hollywoodframgångar? Han kommer aldrig hitta två skådespelare som kan överträffa Max von Sydows och Liv Ullmanns rolltolkningar!* Och så vidare.

Utvandrarna och *Nybyggarna* var två av mina favoritfilmer i barndomen, jag såg dem om och om igen på VHS, och böckerna var min första stora läsupplevelse. Som sextonåring besökte jag både Ljuders socken i Småland och förlagan till Ki-Chi-Saga Lake i Minnesota. Ingen annan berättelse var lika inspirerande för mig som barn.

Det är *min* berättelse.

Och nu skulle Daniel Espinosa få filmatisera den. Han skulle få leva i den, i flera år, medan jag bara skulle få läsa om arbetet, i tidningen, från håll.

Jag var utestängd. Och det gjorde ont. För nu påmindes jag än en gång om det jag vanligtvis lyckas borttränga. Fem filmmanus som nästan nått fram till produktion, men som i slutändan inte höll måttet. Hundratals bortkastade arbetstimmar.

Och två plågsamma ansökningar till regilinjen på Dramatiska Institutet, som slutade i förnedring.

Min livslånga olyckliga kärlek till filmskapandet ställdes på sin spets nu, i och med nyheten om den planerade filmatiseringen.

När jag såg in i Daniel Espinosas nöjda leende på bilden visste jag med fullständig visshet att jag var värdelös. Han hade lyckats förverkliga sig själv, jag hade inte gjort det. Med ens var allt jag skrivit irrelevant, för jag hade gjort det i väntan på att få göra film, och i ett enda slag var hela min yrkesbana ett luftslott. Någon annan hade det yrkesliv jag egentligen drömde om.

Paniken var alltså varken logisk eller proportionerlig. Detta handlade om djupare saker, detta var Sauron, det hål som än en gång sprängdes upp i bröstet av den där artikeln. Känslan var smärtsamt bekant och när jag nu föll, så föll jag i samma avgrund som jag gjorde när jag hörde mina föräldrar prata på övervåningen under skilsmässan. Då var jag också värdelös. Och den gången föll jag i flera år, tills jag upptäckte skrivandet och insåg att det gick att snickra en bro över avgrunden, en bro av ord, att det hände något när jag satt uppe på natten, med pennan mot anteckningsblocket, och beskrev det hemska. Då var det jag som var herre över det, inte tvärtom.

Det var denna bro som brast när jag läste om den nya filmatiseringen av *Utvandrarna*, och jag kände att varenda fiber i mig var ohjälpligt obegåvad.

Redan dagen efter hade känslan blåst över. Och reaktionen på kaféet kändes nu oförklarlig. Så fungerar avundsjukan. Den dyker upp helt oväntat – kastar ner en i Saurons gap – och sedan försvinner den, lika snabbt som den blossat upp. Alltid riktad mot män, alltid jämnåriga, alltid samma panik i mig.

Med Alex har det alltid varit annorlunda. Vi *borde* vara avundsjuka på varandra eftersom vårt samarbete bygger på en slags pågående konflikt, men vi är det ändå inte. I alla fall inte särskilt ofta. Kanske för att vi tidigt skapade en tydlig rollfördelning, vi skulle bli "experter" på två olika saker, och därmed aldrig konkurrera. Alex skulle vara hjärtat och jag hjärnan, det var den uttalade uppdelningen.

Eller så var det tvärtom: Vi nischade oss för att slippa avundsjukan.

Nu närmar jag mig Ölandsgatan. Jag ser Ruben Östlund från håll där han står och röker utanför radiostudion.

Än en gång slås jag av hur ohotad jag känner mig av honom. Där står en person som gör exakt det jag själv vill göra, som hittat sin konstnärliga röst, och ändå känner jag ingen irritation, bara ömhet.

Vi hälsar på varandra och går ner till podstudion.

Samtalet går bra. Det är möjligen lite väl artigt. Saknar nerv, men det är ändå ett inspirerande möte eftersom det är något konturlöst med honom som jag uppskattar. Jag känner igen draget från andra filmare jag träffat. De lyssnar så noggrant, studerar världen så uppmärksamt, att de känns lite frånvarande. De är som vuxna barn, och det är kanske därför de valt att göra filmer i stället för att skriva, de arbetar på instinkt.

Några veckor senare jobbar jag med ett teveprogram om fotografi, och vi reser runt i landet och träffar olika fotografer. Tanken är att jag ska förbereda fotograferna inför de kommande mötena med programledarna.

Jag bjuds in till deras mörkrum, får se dem bläddra igenom hundratals foton de tagit och höra deras berättelser. Och ingen av dem är den andra lik. Vissa är som Östlund – lyssnande. Andra är mer offensiva och har färdiga svar som jag hör att de själva är mycket nöjda med.

Oavsett vilka de är, och hur de är, känner jag ett visst obehag där jag sitter och intervjuar dem. Avundsjukan väcks till liv igen: Jag förbannar mig själv för att jag hoppat runt mellan så många olika typer av jobb i stället för att stanna och lära mig ett av dem ordentligt. Jag hade kunnat bli en i alla fall halvdan fotograf eller en halvdan tecknare, om jag bara haft tålamod.

I stället vandrade jag mellan stigarna. Hela tiden, genom alla år, sneglande på stigarna.

Under den tredje inspelningsveckan av programmet händer något intressant. Jag träffar fotografen Jens Olof Lasthein. Redan vid det förberedande mötet, då jag fortfarande inte har sett särskilt många av hans bilder, så berörs jag av hans sätt att tala om sitt yrke. Det finns något djupt bekant i hans syn på sitt fotograferande. Det är något i själva livsinställningen som tilltalar mig, och som jag känner mig märkligt besjälad med. När jag till slut faktiskt får tillgång till hans bildarkiv, så tycker jag mig förstå varför.

När jag var sexton fick jag min första systemkamera i födelsedagspresent och ägnade de följande fyra åren åt att försöka lära mig fotografera. Jag tillbringade varje resa med att vandra runt på gator och fota människor.

Nu såg jag min egen stil i hans bilder. Mina foton var givetvis en tonårings, amatörmässiga och många gånger sentimentala, men jag såg *drömmen om de foton jag ville ta* i hans bilder. Han lade märke till samma saker, ville fånga samma stämningar, liknande former. Mina bilder var trevande försök, medan hans var en fulländad konstnärs, verksam på sin kreativa topp, men där fanns ändå likheter.

Jag hade känt mig kluven till många av de fotografer jag träffat under inspelningen. Å ena sidan imponerad, å andra sidan avundsjuk. Till skillnad från mig hade de här människorna fortsatt att förbättra sig och kämpa för att nå fram, medan jag slutat fotografera för många år sedan. De hade förfinat sitt hantverk, malt och nött och gjort misstag efter misstag, noggrant byggt upp en ointaglig borg av kunskap. Men gentemot Lasthein kände jag bara en tacksamhet, för att han fanns, för att han fotade.

Här var ju de bilder jag hade drömt om att själv ta.

När jag till slut tar Lasthein åt sidan på inspelningsplatsen för att försöka formulera detta, så ser jag i hans reaktion samma konturlöshet som hos Östlund. Samma smått generade min, pojkaktiga leende, och ett öppet ansikte, som lyssnar med stora ögon.

Konturlösheten är så påtaglig att jag känner mig manad att berätta för honom om den, och när jag säger orden och hör hans kluckande förtjusta skratt, så förstår jag omedelbart vad konturlösheten egentligen är. Det är den ständigt flytande familjemedlemmen – alltså det man vanligtvis känner för en familjemedlem – som ibland projiceras på någon utanför familjen.

Lasthein och Östlund känns alltså som familjemedlemmar, eftersom de utför det arbete jag själv hade planerat att utföra. De utför det *åt* mig. Det ger mig en känsla av tillhörighet som jag tidigare saknat.

Och då känner jag – stående i en allé i Bromma, öga mot öga med denne fotograf, på väg att intervjua honom för ett teveprogram som omöjligt kommer att kunna fånga hans konturer – att jag inte behöver fotografera igen.

För första gången sedan jag fick den där systemkameran känner jag att jag ger upp, i grunden. Och nu hör jag mig själv skratta lika högt som Lasthein.

Det är så befriande: Varför ska jag fota när Lasthein fotar? Han gör ju det så mycket bättre, det som jag drömde om att göra.

Kanske var det också detta som hände när jag såg *De ofrivilliga* och *Turist*. Ruben Östlund gör det som jag ville göra, men inte förmådde. Jag började en gång i tiden till och med skissa på samma tema: En familj i Alperna som är nära skilsmässa. Jag hade ju varit där. Jag hade ju levt det där, och alltid tänkt att jag en dag kommer att skriva ett filmmanus om min familjs alpresa till Val-d'Isère 1987. Men nu behöver jag inte göra det. Ruben Östlund gjorde det åt mig. Fotona tas, filmerna görs – det är det viktiga – inte vems namn som står intill.

Plötsligt känner jag mig lätt.

För om jag nu bestämmer mig för att det funkar så här, då kan jag äntligen betrakta mina misslyckanden som en del i ett gemensamt arbete, i stället för ett personligt nederlag. Vi kämpar sida vid sida, med samma dröm, och så länge någon av oss lyckas komma i mål, så är det gott nog. När jag tänker så, lossnar något i mig.

Äntligen, för första gången på länge: ett litet steg framåt.

KAPITEL 10

PÅ JAKT EFTER TIDEN

•

*Där Sigge gör upptäckten att också döda
människor lever och att de som tycks stå still
egentligen dansar*

*Där Alex åker till Bergslagen och drömmer om
Skogaholmslimpa, mexitegelhus och
juice med fruktkött*

Sigge
DEN DOLDA DANSEN

Redan när jag ser ämnesraden i mejlet spritter det till i hjärtat på mig. Femton år efter vår förra klassåterträff är det dags igen. Det har nu gått tjugofem år sedan vi gick ut nian. Genom åren har mina gamla klasskompisar blivit alltmer overkliga för mig. Inte betydelselösa, tvärtom, men *overkliga*. De är ikoner, som fiktiva karaktärer ur någon film. Det är nästan svårt att acceptera att de lever, att de lever sina liv parallellt med mitt, någonstans i Sverige.

Jag öppnar mejlet och ser att det finns en Facebooksida för träffen, och där finns de, allihop, ansiktena. Under rubriken "Bjudna" finns tjugofem små porträtt, med länkar till deras respektive profilsidor. Jag stannar på den sidan en stund innan jag klickar på det första namnet – det är bara så skruvat, allthop.

En timme senare har jag gått igenom varenda profilsida, varenda bild, och kastats mellan alla möjliga märkliga känslor. Jag får liksom inte ihop det: Deras nuvarande liv är en förlängning av vårt gemensamma, gamla liv som vi levde i Akalla 1990. Sida efter sida med fotografier som visar att de är sig lika – men ändå inte.

Jag fylls av massor av motstridiga känslor. Jag känner glädje, så klart. Det finns så mycket humor i det jag ser. Att just *han* blev toppolitiker för Miljöpartiet. Att just *hon* blev yogainstruktör. Men jag känner också sorg över att livet är så grymt: Att man möter någon, och delar så mycket under flera år, och sedan skiljs åt. Möts kanske först femton år senare på en klassåterträff.

Jag ser att Emilia är bjuden fast hon dog 2007. Det är en fin gest, men jag kan inte förmå mig att gå in på hennes profilsida. Den kvällen är fortfarande som i ett töcken. Någon ringde och berättade att hon dött i en bilolycka i Spanien. Bilen hade slirat och kört ner i en ravin.

Hur ska man förväntas hantera så mycket och så plötslig information om tjugofem livsöden? Det är omöjligt att ta den på allvar. I mitt inre är de fortfarande sexton år och bor på Sibeliusgången eller i Trädgårdsstan och har precis gått ut nian.

Emilia har precis kysst mig i det höga gräset nedanför gympasalen. Och Johannes, som mobbades bort från Akalla, som vi utsatte för en sådan psykisk tortyr att han bytte skola, sitter på Pizzeria Sibelius fortfarande, och gömmer sig efter att vi jagat bort honom från gympasalen.

Nu ser jag barn och fruar och äkta män, jag ser lägenheter och jag ser villor. Och det är inte på riktigt. Det kan inte vara på riktigt. För i mitt inre står de kvar där jag sist såg dem.

Emilia står kvar vid bardisken där vi möttes på den förra klassträffen. Frågan som hon ställde precis innan vi skildes åt: "Vi var de enda som fattade, va?" Den frågan ekar, hon ställer den fortfarande. Hon har inte kört av vägen i Spanien. Hon är fortfarande tjugofem och ställer samma fråga, om och om igen. Och Sara är fortfarande våt i håret efter pingisträningen när jag möter henne i centrum, sommaren 1990. Hon står kvar där utanför ICA i sina rosa träningskläder, sexton år gammal, och ropar leende till mig: "Du glömmer väl inte bort mig?" Vi har precis fått beskeden om gymnasievalet: Hon har kommit in på

Tensta gymnasium, medan jag ska börja på Södra Latin. Hon har stått där på torget, med sitt våta hår och sina blossande kinder, och ropat sedan dess.

De är alla kvar i historien. Något annat vore orimligt.

"Vi var de enda som fattade, va?" Det var en sådan viktig bekräftelse, att Emilia sa så. Ändå kunde jag i stunden inte svara, jag bara log till svar och lämnade stället. Kanske ville jag avbryta kvällen innan förtrollningen brast och folk blev för berusade, innan vi alla började återfalla i gamla roller. Det hade varit så fina timmar och jag ville inte riskera att de övergick i något mindre fint. Femton år sedan nu, och sedan dess har hon stått kvar i den baren och sagt "vi var de enda som fattade, va?" om och om igen. Jag har valt att inte acceptera att hon dog, för det är så sanslöst sjukt, så obeskrivligt vidrigt. Jag har valt att tänka att hon står kvar där och att jag en dag ska återvända dit och besvara hennes fråga.

En vecka innan klassåterträffen ska jag resa hem från Göteborg där jag och Alex stått på scen igen. I en kiosk på centralstationen köper jag en bok om rapstjärnan Leila K. Jag tänker att biografin om en av tonårens stora idoler passar perfekt som uppvärmning inför den kommande klassträffen. Det är fascinerande läsning eftersom den beskriver Leila K:s liv i dag som mer normalt än jag trott. Jag vet inte riktigt vad jag hade förväntat mig, men nog hade jag en bild av henne som utslagen. Att döma av biografin är hon dock på benen, i alla fall vissa dagar. Hon är till exempel i studion och spelar in låtar. Hon lever ett liv som kanske inte skulle kallas konventionellt, men det är hennes liv. Hon fungerar, hon känner känslor. Hon går omkring och *lever*, med allt vad det innebär.

Jag kan inte sluta läsa. Jag är förvånad, och kanske lite skamsen också. Jag tvingas erkänna för mig själv att jag mer eller mindre tänkt att hon var död – i bemärkelsen: själsligt död, en levande död.

Det är så vi gör, antar jag, när någon gör oss besviken eller beter sig på ett sätt som inte överensstämmer med våra förväntningar. Vi benämner den som "uträknad". Även om Leila K kanske är ett extremfall så sker det så gott som dagligen, när vi i tystnad stämplar människor i vår omgivning.

Någon kväll senare ska jag se Bob Dylan live på Waterfront i Stockholm. Jag går dit utan några större förväntningar. Genom åren har jag sett honom på scen säkert tjugo gånger och alltid blivit lika chockad över hur svårtillgänglig han gör sig. Envist har han förvrängt låtarna till oigenkännlighet och vägrat säga ett ord till publiken.

Denna gång sitter jag för första gången nära scenen. Redan i första låten ser jag något jag tidigare aldrig sett. Det är subtilt och kräver att jag är uppmärksam – men det är ändå tydligt: Han dansar. Små men pigga danssteg – under hela konserten – visar det sig. Steg som är så små att jag aldrig hade kunnat upptäcka dem från rad tio. Det sensationella i detta är inte bara att Bob Dylan är en dansör, utan att han antagligen varit det varje gång jag sett honom live. Små men tydliga Elvisinspirerade rörelser.

Hela den här tiden som jag trott att han varit död, "själsligt död", en levande död, så har han egentligen varit Elvis. Och dansat och varit vild och levande, om än inom begränsade ramar.

Så när jag sitter på en bar efter konserten börjar jag fundera, och jag frågar de andra runt bordet: "Hur många vänner har jag avfärdat som 'döda', alltså som jag trott har 'slutat leva' – men som egentligen lever?" Jag erkänner att jag nog tänkt så om flera av klasskamraterna från Akalla, när jag sett deras Facebookprofiler.

Frågan känns plötsligt avgörande. Varför tror jag att människor slutar leva, bara för att de lever andra liv än när *jag* umgicks med dem, eller för att de inte är som jag vill att de ska vara?

När jag irrar hemåt den kvällen kryssar jag mellan andra berusade människor och jag tänker på hur brutalt psyket är.

Att det alltså hanterar folk, som vi inte umgås med längre, som djur. När jag ser en hund passera på gatan så tänker jag att dess själsliv är mindre komplext än mitt eget. Och så förhåller jag mig alltså till gamla vänner.

Annat är det när någon *faktiskt* dör. Det har bara hänt mig några gånger, att vänner till mig har dött. Dödsbeskedet har kommit långt efter att jag umgåtts med dem, men ändå har deras dödsfall väckt dem till liv. Det är som att de blivit *mer* levande för mig sedan de dog än gamla vänner som faktiskt lever. Emilia står fortfarande kvar vid bardisken och ställer den där frågan.

Allas vår närvaro på sociala medier gör fenomenet ännu märkligare, för det borde vara enklare än någonsin att föreställa oss att våra medmänniskor har inre liv, nu när vi ser dem på bild dagligen. Men kanske är sociala medier för det mesta som att se en konsert från någon av de bakre raderna. Vi lägger bara märke till de dansörer som tar ut svängarna ordentligt.

Nu tänker jag återigen på mina klasskamraters profilsidor. När jag har sett deras bilder har jag tänkt om flera av dem att de verkar uppgivna, betraktat dem som några som går genom livet utan att riktigt ta in det.

Jag stannar upp utanför McDonalds i korsningen Sveavägen och Odengatan och tar fram mobilen. Jag går in på Saras sida, nu med nya ögon. Hon ser inte alls ut som hon gjorde när hon vinkade farväl till mig sommaren 1990. Hennes ögon ser trötta ut, hon är fyrtio år, det syns. Det är högst vardagliga bilder, från kontoret där hon jobbar och från lägenheten där hon mest umgås med sina katter. Nu ser jag dock att kommentarerna under bilderna avslöjar att det finns mottagare som bilderna är riktade till – jag är inte en av dem. Hon lägger ut bilder och meddelanden för sina kompisar i Lund. Det som i mina ögon tedde sig obegripligt, betyder något för hennes vänner. Jag bagatelliserade hennes liv, men när jag nu föreställer mig att jag är en del av hennes vänskapskrets, och flyttar ner till första raden, så dansar hon. Kommentarerna avslöjar något om en romans som är på gång. Och en eventuell flytt till Göteborg. Kanske lever alla. Kanske dansar alla. Om man bara sitter på rad ett och förmår se dansstegen.

Några kvällar efter Dylankonserten sitter jag hemma i soffan och tittar på teve. Jag zappar på fjärrkontrollen och hamnar i något program på Discovery Channel om Mao, och om den stora svälten 1958–62 då 45 miljoner människor dog. Innehållet drabbar mig direkt. Det är märkligt att få insikt i en tragedi som ligger så pass nära i tid, och uppenbarligen varit så dramatisk, men som jag ändå aldrig känt till. Dokumentären är välgjord, tar inga genvägar. Jag blir fascinerad av denna avgrundshistoria. Jag vill veta mer. Jag googlar och hamnar i en text som är välskriven, känslig och pedagogisk.

När jag kommer till slutet ser jag att den är skriven av Klas Eklund. Jag får en chock, för jag har alltså snubblat över en artikel av min pappa, och i två minuter har jag bara varit läsare, inte son, och han har varit skribent, inte pappa. Och jag har uppskattat honom som sådan.

Jag läser om texten. Förnimmer en ton i den som påminner om något. Jag minns hans röst, hans berättelser. Att han var – och är – en *berättare*. Som vuxen har jag ofta kritiserat detta, att han så ofta berättade utan att lyssna. Som barn förstod jag inte det, då älskade jag berättandet.

Jag läser artikeln en tredje gång och tänker att det var en lyx ändå, att han fanns där i min barndom med sina berättelser, om världshistorien, om politik, och framför allt om sitt liv. Allt spännande han var med om, alla berättelser från valkampanjerna, om Palme och Feldt, och om alla internationella ledare som besökte Rosenbad. Senare skulle jag komma att se just denna egenskap som hans största svaghet, att han inte gjorde annat än att berätta om sitt liv. Som tonåring krävde jag att han skulle se mig, men jag blev ständigt besviken – och han reducerades till en karikatyr.

Så det är lite omtumlande att okritiskt lyssna till hans röst igen. Återigen tänker jag att det händer i många relationer. Att de sakta men säkert – i våra ögon – stelnar. När vi precis lärt känna någon ser vi personligheten i den andra som den stora gåta den är. Vi ser att uttrycken – de unika sätten att formulera sig, de motsägelsefulla åsikterna, kroppsspråket – egentligen är ekon av någonting annat. För så är det. Det vi kan *ta* på hos en person, det är egentligen bara svallvågor som slår mot vår strand. Och det vet vi – det känner vi – i början. Vi vet att det som skapar svallvågorna är ogreppbart, men accepterar det. Vi har respekt för att personligheten är ett mysterium. När vi är barn har vi respekt för våra föräldrar; de är mycket mer än personligheter då. De är gåtor som vi tolkar.

Jag har känt Alex Schulman i åtta år. I början var han en fascinerande gåta. Med åren har jag lärt mig dechiffrera den, och många gånger är han bara en bild framför mig. Jag ser ramen som bilden är inramad i, och jag tänker att han inte är något utanför ramen. Och jag tror att jag kan överskåda honom.

Första gången vi möttes var på restaurang PA & CO 2007. Den kvällen såg jag i honom dörrar till nya världar. Till tidningsredaktionerna som jag alltid varit så nyfiken på, och till Värmland, till Franska rivieran och till SVT-huset på 70-talet. Han bar på en längtan att göra avtryck, och det fanns dörrar dit. Men när han och jag sitter på ett möte på var sin sida om ett konferensbord våren 2015 så är han mest ett porträtt. Jag vet att det i honom fortfarande finns dörrar till andra världar, men nu har jag stigit in i dem. Jag har varit i hans olika rum, och det har inte fått mig att älska honom mindre. Men dörrarna leder inte längre till löften om en äventyrlig framtid. Dörrarna leder till minnen av när jag öppnade dem.

Det här gäller relationerna till de flesta av mina vänner – fast det alltså inte stämmer. För en människa är alltid i rörelse. En person är inte en statisk bild utan snarare en pågående film, vi vet inte vad som ska komma i nästa scen.

Så hur gör vi för att krossa glaset i ramen? För att släppa ut porträttet i tavlan framför oss på bordet? Vi måste flytta oss närmare. Vissa möten sker med tjugotvå parkettraders avstånd. Det kan vara deras fel, det kan vara vårt eget. Det kan vara en olycklig kombination av två personligheter, men då gäller det att flytta närmare, även om det tar emot. Tittar man noggrant dansar alla, om än med små rörelser.

På kvällen då klassåterträffen ska ske går jag genom vårkvällen, ner på stan mot festlokalen. I Kungsträdgården blommar körsbärsträden och nyförälskade par passerar mig, tätt hopslingrade. Jag stannar upp utanför lokalen och spejar in genom fönstren. Jag känner mig nervös när jag ser gruppen stå där inne och skåla med välkomstdrinkarna. Men samtidigt är jag full av förväntningar, för jag vet att jag kommer att sitta på första raden, uppmärksam på vartenda litet danssteg.

Alex
TILLBAKA HEM

En full tank i bilen, det är lycka. Den får mig att tänka i underbara banaliteter. Jag lever här och jag lever nu! Carpe diem! Jag är farlig och fri, med den här tanken kan jag vara på Autobahn om åtta timmar, jag kan vara på väg ner mot Moseldalen! Jag kan ta in på hotell där de strängt ber om resehandlingar och sedan går de och kopierar mitt pass i rummet bakom. Sitta i mörk sommarkyla på hotellets terrass och se de egendomliga hotellgästerna passera. Och min fru ringer och gråter, vädjar till mig att jag ska komma hem, förvirrade barn där bakom: "Var är pappa?" Men jag kommer inte hem.

Glöm!

För jag har lämnat allt bakom mig, jag ser framåt, mot Moselmassivet och i morgon åker jag in genom Bernkasteltunneln och sedan är jag borta.

Jag vet så klart att det där aldrig kommer att hända, men den fulla tanken gör att möjligheten finns och det är därför jag nu åker med rak rygg i den svenska vinterkvällen.

Jag ogillar låten på bilradion, men trummar ändå i takt med tummen mot ratten. Jag har aldrig åkt den här vägen förut, en mindre motortrafikled i Bergslagen, fartkamerorna tittar stumt och storögt när man passerar. Det är så obeskrivligt mörkt och kallt ute att det är omöjligt att förstå hur livsformer kan överleva där. Jag åker genom en värld av is, det är en tunn vindruta mellan mig och döden.

Det finns något med att åka i mörkret, man kommer så nära sina medtrafikanter. Jag har på helljus och när jag ser krönet lysas upp av en annalkande bil så bländar jag av, och efter en stund så bländar också den mötande av. Vi passerar varandra med halvljus. En hälsning innan vi susar förbi. Vi vet inget om varandra, vi har aldrig träffats, vi kommer aldrig att träffas. Ändå har vi pratat med varandra där på vägen. Vägen smalnar av och jag hamnar bakom en lastbil. Jag kommer inte förbi, det är kurvigt och jag har dålig sikt. Jag och lastbilschauffören känner inte varandra, men vi delar på den här vägen och vi hjälps åt, och när han ser att jag har läge att köra om honom, så tutar han till, och jag kör om och lägger mig framför honom. Sedan tackar jag på det sätt som pappa lärde mig när jag var barn: Jag blinkar höger-vänster-höger. Omedelbart svarar han med ett snabbt helljus.

Jag säger: Tack.

Han säger: Ingen orsak.

Jag älskar det där. Jag är en del av ett sammanhang. En gemenskap. Vi är resenärer i den svarta natten och vi håller ihop. Det är inte mörkermänniskor jag möter på de där vägarna. Vår kommunikation ger dem kött och blod. Jag sitter på rad ett och plötsligt ser jag – alla dansar!

Jag kommer fram senare än väntat. Jag hoppas att de inte misstycker att klockan är efter 21. Jag trycker på ringklockan och väntar. Jag tittar på huset.

Mexitegel.

Det var barndomens stora dröm, att någon gång få flytta in i ett mexitegelhus. Det låg en air av välstånd över de där husen. De låg i de lite finare områdena, längre bort från centrum. Där bodde de familjer som hade det bättre ställt än vi. Jag cyklade förbi de där husen på väg till skolan och dröjde alltid med blicken. Hade jag tur kunde jag se någon av dem som bodde där inne, någon välvårdad man som var på väg till jobbet och som kunde öppna billåset – på håll, redan vid ytterdörren! Han tryckte bara på en knapp på bilnyckeln och bilen blinkade till och var öppen. Jag såg de välskötta trädgårdarna, gräset var lent som mossa, och jag kände en sådan oerhörd åtrå. En gång fick jag också komma ända in. Kenneth i min klass bjöd hem mig för att spela tevespel. Kenneth bodde i mexitegel. Det var ett besök i en annan värld. Lent parkettgolv som man kunde åka kana på i strumplästen – sköna föräldrar som inte brydde sig om man gjorde det. Telefon i köket, med extra lång sladd så att man kunde gå runt och prata. I badrummet ett hemmaspa med fotbad. Jag var på besök hos en annan klass. Det märktes främst på maten. Kenneth drack juice med fruktkött.

Drömmen om fruktkött.

Hemma hade vi bara druckit utspädd juice – en del koncentrat, fyra delar vatten. Men på ICA hade vi ju alla sett God Morgon-juicen, med äkta fruktkött. På eftermiddagen blev Kenneth hungrig och den mat han då tog fram, jag kan fortfarande känna mig skakad av upplevelsen.

Frosties.

Hemma hade vi bara müsli. Vid något enstaka festligt tillfälle hade pappa köpt Kelloggs Corn Flakes. Om man sockrade på dem hårt och blundade kunde man låtsas att det var Frosties.

Drömmen om Frosties.

Och Skogaholmslimpa. Det fanns ett magiskt skimmer över den när jag såg den på Kenneths skärbräda, något mjukt och glänsande, och när Kenneth skar limpan snett så jämnade han ut brödet genom att skära rakt igenom det och kastade bort den hopplösa brödbiten i sopkorgen. Han kastade bort den! Så ofattbart. Jag ville be om att få brödbitarna och ta med hem. Men jag lät bli.

Drömmen om Skogaholmslimpa.

Största upplevelsen var kanske ändå osten. Kenneth hade en stor, hel, rund hushållsost. Den var inte klok. Jag minns hur magnifik jag alltid fann den där den stod stolt och vacker i deras kylskåp, hur jag närde en dröm om att stå där och hyvla och äta och hyvla och äta. Hemma hos oss fanns alltid en lagrad ost med stela, gulnade kanter. Det var något med att plasta in saker som skilde oss från mexitegelhusen. I mexitegelhusen visste man vikten av att plasta in saker och ting ordentligt. Hushållsosten var omgiven av trygg, noga åtspänd plast. Hemma hos oss lyckades det aldrig. Vi klarade inte av det helt enkelt, plasten korvade sig och täckte inte osten som blev gul och stel.

Drömmen om att bo i ett hem där man plastade in grejerna på rätt sätt.

Drömmen om mexitegel.

En man i övre medelåldern öppnar dörren. Jag tar ett steg tillbaka för att inte verka hotfull.

"Hej, det var jag som ringde tidigare i dag, om bilen."

"Jaha, just det."

"Jag är ledsen att jag är sen, det var rörigt i trafiken."

"Jaha."

"Skulle man kunna få kolla på bilen?"

Mannen vänder sig in mot hemmet. "Han är här nu, med bilen! Jag går till garaget!" Han står tyst en stund och tittar ner i golvet och väntar på svar, men inget svar kommer, han tar på sig en jacka och vi går ut.

"Som jag sa till dig så är det en jävligt risig bil. Jag köpte den för att grabben skulle ha när han övningskörde för några år sen, men så pajade den och jag har inte rört den sen dess."

Han öppnar den ena av de två garageluckorna och där står den. Det är en Volvo 245 GLT. Himmelsblå. Mannen har helt rätt, den är mycket sliten utvändigt. Det är rostskador överallt, lacken är fläckvis helt borta.

Bilen är värdelös, men den är värd alla pengar i världen, för den här bilen köpte min pappa 1985 och körde ända fram till 2002. Det där är ingen bil, det är en tidsmaskin.

Jag öppnar bakdörren och sätter mig. Det är första dagen på semestern, bilen bågnar av packning, pappa smäller igen bakluckan onödigt hårt, som han alltid gör, och mamma sitter där fram och skriker: "HERREGUD!" Och sedan för sig själv, i förtvivlad falsett: "Varför kan man inte bara stänga dörren försiktigt?"

Allt det som var trasigt är fortfarande trasigt – bilen är intakt. Hålet i taket är kvar där fram. Mamma rökte en cigg och höll i handtaget ovanför sitt huvud och råkade bränna ett hål i taket. Ett svart litet hål som är ett löfte om ett bråk som ska komma när pappa upptäcker det. Varningslampan vid baksätena som blinkar när vi inte är bältade – glaset och lampan har gått sönder och sladdar hänger ut och vi får absolut inte röra dem för de är strömförande. Spår av ett tuggummi som Calle tryckte in i sätet under en bilsemester till Spanien. Där är mobiltelefonen, som pappa lät installera.

010-7270303.

Myntfacket där fram där pappa alltid hade Dextrosol under långa resor. Bilradion som var så central för pappa när det var *Sjörapporten* och *Ekot*. Ibland åkte bara jag och han och då fick jag hjälpa till att söka ny frekvens när det började surra, jag kände mig viktig och behövd, satt med allvarlig blick och skruvade för att ge pappa det perfekta ljudet. Men oftast åkte vi alla fem i bilen, två föräldrar där fram och tre barn i baksätet. Jag satt alltid i mitten, varje gång, utan undantag, med en bror på vardera sidan. På långresorna somnade vi ibland mot varandras axlar och varje gång det hände tog pappa fram kameran för att fotografera oss. Det hände att någon av oss vaknade till av kameraklickarna från framsätet och röt "ta inga bilder" och mamma och pappa fnissade och sa "okej, okej" och så åkte vi vidare.

Det är så overkligt att den finns kvar, den här bilen, och

att den stått orörd i sin trasighet. Jag vill noggrant undersöka varje del av den. Jag vill gå igenom den kvadratmillimeter för kvadratmillimeter.

"Vad ska du ha för den", frågar jag.

"Äh, jag vet inte. Du vet att den har körförbud och är avställd sen många år?"

"Jag vet."

"Och att laga den skulle kosta mycket mer än vad den är värd."

Han står en stund och betraktar bilen.

"Vad ska du med den till?"

"Jag vet inte riktigt", säger jag. "Jag ska nog inte köra med den. Men jag vill gärna ha den."

"Får jag en tusing så är den din", säger han.

I bilen på väg tillbaka, i natten. Helljus av, helljus på. Vi är resenärerna i natten. Ännu en expedition till barndomen är över. Och som alltid när jag är på väg hem, så känner jag mig så märkligt tom. Denna underliga besatthet. Varför ägnar jag så mycket tid i nuet åt att blicka in i dået? Varför kan jag inte bara finnas här, flyta med, strömma genom nuet och må bra. Jag spejar i stället paniskt bakåt, hela tiden, och försöker hitta mig själv. Men det är så svårt att uppfatta något av sig själv på det avståndet. Jag sitter på tionde raden och betraktar mig själv där framme på scen och jag ser ingenting. Dansar jag? Gråter jag? Jag måste komma närmare! Expeditionerna till barndomen tar mig till parkett, så känns det. Men det händer något annat också. När jag sitter där bak i bilen på Volvo 245:an, så känner jag så starkt: Det är här jag ska vara. Jag hör hemma här. Jag tänker alltså inte: Jag hörde hemma i den här bilen 1985. Jag tänker: Jag hör hemma här nu. Jag ska vara här. Det är viktigt att jag får vara i den här bilen. Det är därför jag gör de här expeditionerna, om och om igen. Uppsöker barndomens platser. Åker till skolor jag gått i. Kontaktar gamla lärare jag hade. Jag sitter där och dricker kaffe med dem, fast jag inte riktigt vet vad jag vill. Jag har besökt alla mina barndomshem. Jag åkte till Ekerö där jag bodde i åldrarna sju till elva år. Jag gick runt i området i närheten av mitt gamla hus. Jag kom uppför ett litet berg och när jag gick ner igen för det så stannade jag upp. Det var som ett fotografi från min barndom. Jag såg samma hustak och samma lappade asfalt mellan husen. Jag såg Mälaren. Jag såg stigen framför mig, jag kunde varenda detalj på den här stigen, varenda krökning. Jag såg lyktstolpen vid roten av backen som jag en gång åkte in i med ansiktet före när jag körde snowracer här. Och när jag stod där så var det varken en känsla av nostalgi eller vemod. Det var en instinkt: Jag ska vara här.

En längtan.

Året ska vara 1986 och det är här jag hör hemma.

Jag gick in i mitt gamla barndomshem sedan. De hade renoverat, allt var vitt. De hade slagit ut väggar. Jag letade efter brännmärkena i golvet från den gången när fonduegrytan fattade eld, men hittade inga. Allt var borta. Men jag kände instinktivt igen farlederna, hur jag sprang mellan kök och vardagsrum, mellan sovrum och trappan. Och jag minns hur vi satt på fredagskvällen och tittade på *V*, fastän klockan var för mycket. Doft av pappas cigariller Bellman Siesta och mammas röda Prince mjukpack. Pappa satte ner whiskyn lite klumpigare i glasbordet. Mamma och pappa tog varandras händer. De trodde kanske inte att jag såg, att jag inte tänkte på det, men jag såg allt sådant. Det glödde av lycka i mig. Den här familjen kanske är obrytbar ändå. Sedan somnade vi barn huller om buller i soffan och mamma bar ner mig i sovrummet, bäddade ner mig i de iskalla lakanen. Jag minns varenda detalj. Jag minns träkarmen i sängen där jag ristade in AIK med en kniv en gång. Och när jag återigen fick se mitt gamla sovrum, då ville jag ta av mig kläderna och krypa ner och känna de kalla lakanen igen.

Jag ska vara där.

Det är där jag hör hemma.

Det är inte i nuet jag ska finnas till, det är i dået.

Jag hjälpte mamma att rensa i källaren för några år sedan och i en kartong hittade jag min gamla kulpåse i tyg. Allt kom tillbaka. Det är första riktiga vårdagen, solen värmer i ryggen. Gatan glittrar, som om det ligger mycket små diamanter i asfalten. Salomonväskan på ryggen, som skramlar av pennor och suddgummin, och tygpåsen med spelkulorna i handen.

Det är ett minne.

Varför kan det inte bara förbli ett minne? Jag vägrar tillåta det. Så jag återskapar det. Jag går till NK:s barnavdelning och köper kulor. Jag fyller påsen med kattögon och månar och galaxer. För jag vill tillbaka dit.

Tillbaka hem.

Jag inser att det här inte är några barndomsexpeditioner jag är ute på.

När jag vänder blicken mot allt som hänt så är jag på jakt. Jag är på jakt efter något som blivit kvar där, något som jag inte får tillbaka.

Jag trodde länge att jag är på jakt efter mina föräldrar, men det är inte så enkelt. Jag är på jakt efter något som kanske är större än så.

Min barndom är en brottsplats och jag är polisen som spärrar av området så att jag ensam kan gå runt bland artefakterna. Jag måste ha lugn och ro, det tekniska teamet vill in och säkra fingeravtryck, en fotograf ska plåta detaljer, men de får vänta, för jag måste få vara ifred en stund. Nu är det bara jag och min barndom. Jag står och andas in den klara luften. Jag tittar mig omkring. Finns det något här som jag har missat. Någon detalj som jag ännu inte tänkt på. Jag tittar ut över den och tänker: Vad hände här egentligen? Jag sätter mig på huk och betraktar ett skeende. Det är inte en händelse jag är ute efter, jag vill inte veta vem som sa vad. Jag är på jakt efter en känsla.

Där är jag. Jag är sju år, brunbränd rygg, rufsigt hår, kortklippt i pojknacken. Jag går nere vid vattnet, balanserar på stenarna. Jag är ensam – och det är okej. Jag är liten, men mitt universum är enormt. Jag har tusentals ton av minnen och drömmar. Jag hör ljuden av min familj där uppe vid stugan – fyra andra världar som hör löven susa på olika sätt. Någon har satt på grillen. Jag hör musik också, från en radio som står på i köket. Jag samlar grodyngel i en hink. De simmar långsamt och saktmodigt genom världen. Solen blänker i vattnet, det är sent men fortfarande så varmt. Jag går över stenarna.

Jag tänker så fina tankar.

Jag är ren från allt, för ingenting har börjat än. Det är bara jag och mina grodyngel.

"Maten är klar", ropar pappa från grillen. Jag vänder upp mot huset, ser hur de andra familjemedlemmarna dyker upp från sina tillhåll. Vi rör oss mot varandra, jag ser dem alla. Det där är min familj, vi är fem stycken och vi hör ihop. Jag springer så lätt över gräset.

Jag betraktar scenen och jag vill dit. Jag vill tillbaka hem, till platsen innan allt började, innan saker och ting började gå fel.

Den här besattheten.

Det är en jakt på något som blivit kvar där. Det är en jakt efter lyckan.

SEN

KAPITEL 11

ATT SE SLUTET

•

*Där Alex funderar på hur han vill dö och inspireras
av Astrid Lindgren och paret Goebbels*

*Där Sigge åker till Ground Zero, beter sig underligt
mot en mäklare och tar ett avgörande beslut*

Alex

EN TESKED MED DIAMANTER

Jag kommer tidigt till begravningen. Utanför kyrkan finns små kluster av svartklädda människor. Jag känner ingen och skyndar in. Det är svalt här inne. Kistan står centrerad framme vid altaret. Stora blomsterkransar lutar mot den lilla stentrappan. Textmeddelanden i imperfekt.

Tack för allt du gjorde.

Du var en fin vän.

Vi fick många fina minnen.

Vänner och släkt anländer. Begravningsentreprenören hälsar ljudlöst på alla som kommer in. Försiktigt slammer med psalmböcker, prassel från blompapper. En klocka ringer utanför. Orgeln har hållit andan ända sedan i går eftermiddag, men nu exhalerar den plötsligt tungt och dränker rummet i ett mäktigt, omskakande tungsinne som får oss alla att böja våra nackar. Det är dags att sörja. Prästen kommer in från höger. Han säger så fina saker om den avlidne. Han talar, precis som blomsterkransarna, i imperfekt.

Psalm 271.

Det blir dags att ta personligt farväl. En tyst rad av människor väntar på sin tur, man köar i sorgeordning där den med störst sorg går först. Slokande människor med blomma i hand. De går fram en och en, mumlar några avskedsord och går och sätter sig igen. Några äldre kvinnor niger mot kistan och försvinner.

Psalm 297.

Människor faller i gråt från olika håll i kyrkan, små sammanbrott och hulkningar. Prästen försöker trösta, han säger att allt nog är bra med den avlidne där på andra sidan. Och jag kommer att tänka på Bodil Malmstens rader om att "vi som lever är bara döda på semester, nån sorts sommargäster". Döden som ett normaltillstånd som vi befunnit oss i under en evighet innan vi levde och som vi kommer att befinna oss i under en evighet efter att vi är döda. Den här lilla stunden på jorden är de dödas sommarlov. Jag trodde förut att jag gillade den där meningen, men jag inser nu att det gör jag inte alls.

Vi går ut sedan, samlar ihop oss själva utanför kyrkan. Stumma ögon i solgasset. Vi skadekontrollerar varandra. Är vi okej? Gick allt bra? Jag tittar ut över kyrkogården och ner mot Södermalm. Här finns inget imperfekt, här finns bara presens, ingen dåtid, bara nutid. Nere på gatan byter de ut ett fönster i en lägenhet. Där borta åker två unga killar skateboard. Där står en dam och röker en cigarett. Så obekymrat! Så fullständigt aningslöst! Så vandrar livet vidare för dem och för oss alla, vi döda på semester, nån sorts sommargäster.

När jag vandrar nedför Tjärhovsgatan tänker jag på den spenslige mannen framme vid kistan. Han skulle lägga sin ros på kistan och stod kvar en stund, rådvill, och så klappade han på locket. Han klappade på kistan som om den vore ett husdjur han höll kärt. Det var så rörande att se, den stora tafattheten inför döden. Han kunde inte göra något annat än att stå där och klappa. Han visste inte vad han annars skulle göra. Han stod inför det obegripliga. Jag minns samma förvirring när Tomas Tranströmer dog och Lena Endre satt i *Nyhetsmorgon* och berättade om den där middagen som aldrig blev av. De talade ju om det, hon och Tranströmer, att de skulle ses på en bit mat. Bara om några veckor eller så, och nu var det för sent. Det fanns något skört i att se Endre förvirrat mumla om denna middag som planerades, men som sedan blev omöjlig att genomföra. Man såg hur hon stod öga mot öga med dödens obegripliga oåterkallelighet. Det går inte att förstå.

Vi fattar, men fattar inte.

Vi är ju alla döende. En dag sker det, vi försätts i icke-existens, ett slocknat tomtebloss i universum, med en evighet både bakom en och framför en. Kanske talas det om en under en tid efteråt, bland nära och kära. Barn visar bilder för barnbarn. Man kanske finns i något register, på någon lista, man kanske tog något rekord och hamnade i ett arkiv. Men allt försvinner, vartenda minne och varenda bild utrotas, de sista linorna klipps av och en dag finns man inte kvar på något plan, inte som kött, inte som tankeenergi hos någon annan, inte som trycksvärta på ett papper. Och spiralgalaxerna blir större, universum bågnar, världarna fortsätter att rulla och nya människor föds och försvinner, som flämtande lampor.

Den här förutsättningen vi lever under – villkoret att vi ska leva på jorden en liten stund och att vi sedan ska dö – varför påverkar det inte oss mer? Vi vet ju om det här. Det är så underligt att vi inte blir galnare i högre grad, att vi inte bara kollapsar inför idén om att det snart är över. I stället tar vi bussen, som vanligt. Vi tar några bärs med grabbarna, som vanligt. Vi kollar *Game of Thrones*, som vanligt. Och bara ibland når det igenom. Då står vi där förvirrade framför kistan och klappar på locket.

Vi vägrar tänka på det. Det är så vi överlever, genom att vägra ta in det. Det är väl ungefär så de flesta av oss hanterar rymden. Vi gillar inte att tänka på den så mycket. Det är lika bra att låta bli. Om vi på riktigt skulle ägna tid åt att tänka på universums storlek och vår egen betydelselöshet i den så skulle det bli svårt för oss att leva. Jag är rymdpundare, går in på Youtube och ser på dokumentärer om svarta hål. Det är någon form av självspäkelse, som att trycka lite för hårt i sitt eget tandkött med en tandpetare.

När jag är på Gotland på sensommaren och det blir mörkt fort om kvällen och jag tittar upp och ser Vintergatan läcka ut sitt innehåll över hela himlavalvet, då kan jag drabbas av en hård ångest, en ångest som nästan försätter mig i panik. Några får ångest av sin egen litenhet när man blickar upp – jag får ångest av avstånden i tid. Universum är 13,7 miljarder år gammalt. Det är en siffra som inte skrämmer, den är så ofattbar att den inte ens fäster. Lek med tanken att man komprimerar hela universums historia till ett enda år, där big bang motsvarar den första sekunden av den 1 januari på året och nutid är den sista sekunden av den 31 december. Hela universums förlopp i ett enda år. Det ger vid handen att vår galax skapas i mars månad. Dinosaurierna utplånas från jorden den 29 december, bara två dagar före nutid. Men det mesta som rör oss sker den 31 december, på nyårsafton. Klockan 23.54 uppstår människoarten. Klockan 23.59.50 byggs pyramiderna. En sekund före midnatt – Columbus upptäcker Nya världen. Mänskligheten har alltså funnits i universum i sex minuter under universums levnadsår. Och om nu mänskligheten som sådan är så fullständigt obetydlig – hur obetydlig är då inte jag, bara en liten bokstav A i det stora alfabetet. Hur ska man hantera den blinkning av en sekund som man själv lever i den här världen. Hur ska man göra den här explosionen av ett liv på minsta sätt betydelsefull? Vi lever inte en dag. Vi lever inte ens i en sekund – vi lever i 0,16 sekunder av det kosmiska året.

Döden, döden.

Jag tänker på den hela tiden. Jag säger det inte slarvigt utan bokstavligt: Jag tänker på döden flera gånger i minuten. Den ständigt pågående nedräkningen till döden. Överallt ser jag nedräkningar till livets slut.

Jag ligger och ska sova och hör mitt eget hjärta slå. Jag vet att ett genomsnittligt hjärta slår 2,5 miljarder gånger under en livstid. Vi har bara ett visst antal slag. Jag hör hur det slår, hur det räknar ner.

Det är VM i fotboll. Det är VM vart fjärde år. Hur många

sådana till får jag uppleva innan jag dör? Tio till? Femton? Det är så sjukt, femton VM-turneringar och sedan är jag död.

Jag klipper mina naglar. Naglarna växer i snitt 2,8 meter i en människas liv. När jag klipper dem är det som att jag gnager på mitt eget liv.

Det värsta exemplet jag någonsin sett är detta:

ETT 90-ÅRIGT MÄNNISKOLIV I VECKOR

Varje liten ruta motsvarar en vecka i en genomsnittlig människas liv. När jag tänker på hur fort en vecka går, hur innehållslös en vecka i regel är och allt det som *inte* händer under en vecka, så fylls jag av ett magnifikt svårmod. Jag tittar på grafiken och blir, jag vet inte, vad är rätt ord?

Äcklad.

Någon annan illustrerade livet genom en bild på en tesked med små diamanter. Man tar bort en diamant från skeden varje vecka som går och när teskeden är tom så är man död. Det fanns något upplyftande i det där, inte i det fåniga att se varje vecka som en diamant, utan det mer diffusa i det hela. Hur stor är teskeden? Hur stora är diamanterna? Hur många diamanter finns det där egentligen? Det fanns utrymme för tolkningar, och det är bra, det blir inte lika slutgiltigt.

Jag är rädd för icke-existensen, men numera, alltmer rädd för själva dödsögonblicket. Jag funderar så mycket på hur det kommer att vara den där stunden när jag dör. Vilka jag har omkring mig, om jag får sagt något sista ord, om jag hinner ta farväl av dem jag älskar. Tidningen *Café* frågar varje månad en känd person hur de vill dö. Jag läser girigt. Fredrik Wikingsson vill dö "i ett slukhål, hög på hästmedicin, iklädd smoking, nynnande på 'Nearer My God, to Thee' med en obegripligt ljus öl i handen". Komikern Per Andersson vill dö "under ett samlag". Modeskaparen Johan Lindeberg vill dö "i en fallskärm som inte vecklade ut sig". Gina Dirawi vill "frysa ihjäl efter att ha ätit livets godaste måltid".

Gina Dirawi!

Vad är det för bisarrerier? Hon vill frysa ihjäl, och det enda hon tänker på är att hon dessförinnan ska ha hunnit med en brakmåltid. Gina Dirawi har kanske sett någon film där någon blir instängd i ett frysrum och först har han väl lite panik, bultar som en tokig på den utifrån låsta dörren, kastar föremål mot den och skriker förtvivlat, men sedan finner han sig i sitt öde. Han lugnar ner sig. Han blir kall och huttrar, får lite frost på ögonbrynen. Sedan händer något. Han känner sig plötsligt varm och börjar ta av sig kläderna, och allt blir mysigt och han gosar in sig i ett hörn och somnar in. Gina Dirawi har gått på myten om att det är en harmonisk sak att dö genom att frysa ihjäl. Det är nog sant att de sista minuterna kan vara rofyllda, men det hon missar är ju att vägen dit är helvetisk. Kölden gör att man först börjar hallucinera när kroppstemperaturen sjunker. Hjärnan stänger ner, del för del. Till slut skulle man inte känna igen sin egen mamma. Det är förenat med extrem smärta när kroppens funktioner sätts ur spel på det sättet. En lång och oändligt plågsam död. Jag lastar inte Gina Dirawi, för hon vet inte bättre gällande de här sakerna, men det gör jag. Jag vet allt om hur man ska dö och inte dö. Jag läste nämligen boken *Working Stiff* av Judy Melinek. Hon är en obducent som jobbat tjugo år i New York och som ingående berättar om de tusentals kroppar hon tagit hand om. Hade Per Andersson läst den så hade han inte sagt att han vill dö under ett samlag, för de flesta av dem som dör under samlag får en hjärtattack, och det är ett fruktansvärt tillstånd. Det känns som att en elefant sitter på dig. Att denna elefant långsamt sitter ihjäl dig. Hade Fredrik Wikingsson läst boken så hade han inte velat dö i ett slukhål och Johan Lindeberg hade inte velat dö i en fallskärm som aldrig vecklade ut sig. Att bli chockad av att något oförutsett inträffar på det sättet kan vara det mest smärtsamma som finns. Judy Melinek fick till bårhuset in ett par personer som hade snavat och fallit ner på tunnelbanespår och någon som hade fallit från ett hus när han skulle laga teveantennen. Gemensamt för dessa var att de saknade blod i kroppen. Det fanns alltså inget blod över huvud taget. Huvud och lemmar kunde vara av, men det var helt blodlöst. Varför? Jo, när kroppen försätts i trauma och när människan hinner TÄNKA "nu dör jag", då absorberar benmärgen allt blod. Den processen är fruktansvärt smärtsam. Så, när Johan Lindeberg rycker och rycker i sin fallskärm och inget händer och han tittar ner mot marken som kommer närmare så dör han inte när han landar, han är redan död av att blodet försvunnit från hans kropp.

Det största missförståndet om döden är drunkning. Alla tycks vilja drunkna när det är dags. Det sägs ju att död genom drunkning ska kännas som en omfamning, att vattnet i lungorna gör att det känns som att åter ligga i mammas livmoder. Jag läste en intervju med någon som drunknade och kom tillbaka från de döda och påstod att han hörde en änglakör som sa: "Det finns inget att vara rädd för." Det är ju jättefint, men helt säkert inte sant. När man är nära att drunkna så kommer ens kropp att göra allt som står i dess makt för att inte ta in vatten i lungorna. Det är en kamp som är fylld av den renaste ångest. När väl vatten ändå kommer in så dör tio procent omedelbart av kvävning, redan innan lungorna fyllts. De övriga nittio procenten kommer fortsätta att andas vatten som om det vore luft. Och de andas och andas, och sedan är de döda. Efter en lång kamp fylld av kval och smärtor.

Enligt Judy Melinek finns det egentligen bara två sätt att dö på som är fullständigt smärtfria. Det första är giljotinen. Klingan är i kontakt med huvudet endast en hundradels sekund och sedan är det över. Det andra sättet är – hjärtstillestånd!

Det är fullständigt smärtfritt. Och det går väldigt snabbt.

Det är väl i sak bara dumt att fundera på de här sakerna. Chansen är mycket liten att man någonsin ska kunna välja hur man ska dö. Det händer när det händer, och alldeles säkert kommer det att vara ovärdigt, fult och smärtsamt.

Det finns dock historier om döendet att inspireras av. Jag läste en biografi om Astrid Lindgren. De sista dagarna av sitt liv ville hon att hennes nära som vakade över henne skulle läsa högt ur *Pippi Långstrump* för henne. Inte som ett sista utslag av narcissism, eller för att hon tyckte att Pippi var särdeles bra, nej, hon ville höra *Pippi Långstrump*, för det påminde henne om den tid i hennes liv när den var skriven, då hennes hjärna var stark och hennes kropp var frisk. Hon ville ligga där i sängen och blunda och tänka på den tiden. Jag inspireras av den historien på något sätt. Jag inspireras också av paret Goebbels – hur konstigt det än kan låta – som gjorde det fruktansvärda, otänkbara. När de förstod att Tredje riket skulle falla och att allt hopp var ute, så reste de till Hitlers bunker i Berlin tillsammans med sina sex barn Helga, Hildegard, Helmut, Holdine, Hedwig och Heidrun. De inackorderade barnen i en liten sovsal och klädde på dem nattsärkar. Sedan gav de barnen något de kallade för "kvällsmedicin" som skulle göra att de klarade fukten i bunkern bättre. Det var en kopp te som de blandat stora mängder sömnmedel i. Barnen tyckte att drycken smakade konstigt och ville inte ha, men föräldrarna insisterade och tvingade dem att dricka upp allt. Barnen somnade och Joseph Goebbels fru Magda gick fram till vart och ett av dem och placerade en cyanidkapsel i deras munnar och tryckte igen deras käkar så att kapseln brast. De dog en efter en. De var mellan två och tolv år gamla. Historien är bland de mörkaste jag hört, men den inspirerar, rent smärtmässigt. Att först bli drogad med sömnmedel och att i denna djupa sömn få cyanid. Det måste ju vara fullständigt snabbt och smärtfritt.

Jag inspireras av Astrid Lindgren och av paret Goebbels. Jag har en tredje inspiration. Jag läste om Rob Hall, den legendariske bergsklättraren som fastnade i en snöstorm på en bergstopp och inte kunde komma ner. Och han förstod – jag dör här. Han bad baslägret att ringa till hans fru och förklara att han inte kommer överleva detta – han ville inte berätta det själv. När hon fått beskedet bad han att få bli kopplad via sin walkie talkie till deras satellittelefon så att han kunde prata med henne. Och de pratade. Han visste att han skulle dö. Hon visste att han skulle dö, men de nämnde det inte med ett ord. De pratade om vardagligheter. Han frågade om hon skulle ta ett bad och hon sa att hon skulle göra det. De sa att de älskade varandra. "Try not to worry too much", sa han och hon sa "I love you" och sedan lade de på. Jag älskade det. Att inte ta farväl över huvud taget.

Utifrån detta, så skulle därför mina drömmars död se ut så här: Jag ligger hemma i sängen. Jag är väl sjuk, svag och trött. Utanför stojar barnen. Jag är gammal, så jag antar att det är barnbarnen. Jag känner en sällsam ro. Jag vet att jag ska dö och det är okej. Amanda kommer in. Hon baddar min panna med en blöt näsduk, för hon vet att jag tycker om det så mycket. Hon frågar hur jag mår och jag säger "jodå". Hon ler mot mig, jag försöker le tillbaka. Vi pratar om just ingenting. Något hon sett på teve, något jag tänkte på alldeles nyss. Jag säger att jag nog måste vila lite. Jag ska inte sova länge, bara en stund. Hon säger att hon älskar mig och jag säger att hon inte ska oroa sig. Jag undrar om hon kan högläsa för mig en stund så att jag kan somna, och hon hämtar den där boken om tid som jag skrev med Sigge Eklund för många år sedan. Jag vill att hon läser den, inte för att jag tycker att den är särdeles bra, utan för att den påminner mig om en tid när jag var stark och frisk och klar. Hon läser så vackert, Amanda. Jag älskar att höra hennes röst, och jag känner den underbara känslan av att smärtan försvinner, det är som när man är svårt sjuk och man bara vill sova, man har så ont, men så plötsligt lättar smärtan och något öppnar sig inne i en, man ser en väg till sömnen, man ser möjligheten komma och man tar den, och jag sluter ögonen och somnar, och det sista jag hör är Amanda som säger: "Jag älskar dig."

Jag känner det så starkt: Jag älskade verkligen henne också.

Och jag sover.

Och Amanda böjer sig försiktigt över mig. Hon lägger undan läsglasögonen som ligger bredvid mig där i sängen. Hon kysser min panna. Så öppnar hon upp min käke och placerar en cyanidkapsel mellan tänderna på mig. Och jag är borta.

Och sedan då? Ja, det är ju allt. Sedan finns det ju ingenting. Vi går tillbaka till icke-existensen, vi döda på semester, nån sorts sommargäster.

Men det är klart att jag någon gång tänker på att det inte behöver vara så. Jag menar, det är ju inte säkert. Ibland dagdrömmer jag om något annat. Jag tänker att döden är som att vandra på en grusväg i sensommaren och komma till en grind, och döden är att öppna den där grinden, och sedan vandrar man bara vidare. Det är inte mer än så. Det är ingen chock, det är inget drama eller trauma, där finns ingen smärta. Döden är bara att lyfta regeln på grinden och gå vidare ut på ängen. Och solen står lågt där jag går barfota i det varma gräset. En vänlig vind i håret. Och där på ängen ser jag mamma och pappa. De går emot mig leende. Vi kramas. Vi är tillsammans igen.

Sigge
ÖVER KRÖNET

Jag sitter i en korridor på akuten, Truls sover i mitt knä.

När han nu äntligen är stilla kan jag inspektera stygnen i hårbotten. Jag lättar på bandaget, för det blodkladdiga håret åt sidan och ser de svarta trådarna i såret. Det hela ter sig häpnadsväckande primitivt; det finns ingenting i detta syarbete som skiljer sig från hur en lagad reva i en trasig byxa eller tröja skulle se ut. Ändå är det gediget gjort, och jag älskar läkaren för hennes noggrannhet. När hon var klar med honom ville jag krama henne, bjuda henne på middag, bli vän med henne för livet, så kändes det. Jag fick också en impuls att smeka hennes rygg när hon med stabil hand satt hukad över honom och sydde, som för att visa henne mitt stöd.

Det fanns några minuter då jag var övertygad om att han skulle dö. Medan jag sprang med honom i mina armar, nedför gatan mot taxin, tänkte jag: Just nu pumpas blod ut under kraniet med ett sådant tryck att hjärnan slocknar. Och när jag skrikande rusade in i väntrummet tänkte jag att han i bästa fall blir hjärnskadad för livet.

Men hon arbetade snabbt och sammanbitet, och bara fem

minuter senare försäkrade hon mig om att det inte var någon fara. Bara vi var uppmärksamma på illamående det närmaste dygnet.

Ett bungyjump ner i dödens väntrum.

Jag trycker honom försiktigt mot mig och känner hur tårarna kommer. Jag spänner mig för att inte röra mig, så att han inte ska vakna. Jag vänder mig om i den sterila korridoren för att se om någon ser mig, men den är tom på människor. Bara det ödsliga blanka gummigolvet och de vita väggarna, utan något tecken på liv.

Jag tänker: Kanske har det hänt något ändå, med mig, sedan jag fyllde fyrtio. Det har nu gått tre veckor sedan födelsedagen och jag kan konstatera att döden gör sig påmind nästan dagligen. Det går så klart inte att jämföra med Alex som ju tänker på döden flera gånger i minuten, men det är ändå nytt för mig: att döden är *verklig*. Jag vet till exempel att jag bara för ett år sedan hade sett denna händelse som rätt odramatisk. Jag vet detta med säkerhet, för jag har varit på just denna akutmottagning förut, med både Viggo och Belle, och jag har varje gång haft en stark övertygelse om att de kommer att bli okej. Övertygelsen har måhända varit naiv, men den har varit stark i stunden: Mina barn är odödliga.

Om Truls exempelvis hade hoppat från soffan för ett år sedan, och landat på soffbordskanten med bakhuvudet på samma sätt, så hade jag försatts i ett målmedvetet mekaniskt tillstånd, där jag väldigt effektivt ringt en taxi och sedan – utan att spilla någon tid – tagit mig till akuten, innerst inne kall inför kaoset och blodet.

Annat var det i natt. Jag ringde *två* taxibilar, medan jag skrikande och förvirrad sprang runt mellan rummen. Rev ut hela garderobens innehåll på golvet och stod sedan och tittade på klädhögen utan att minnas hur man gör för att klä på sig.

Denna vår är det som att jag nått över ett *krön*, och plötsligt är döden närvarande.

Kan det vara så enkelt att det har med fyrtioårsdagen att göra?

Det är inte omöjligt, för bara någon vecka efter födelsedagen vaknade jag mitt i natten och kände, för första gången i mitt liv, att *en dag kommer jag att dö*. Visst har jag tänkt tanken förut, men aldrig *känt* den. Den var så oväntat stark och så plötslig att jag satte mig upp i sängen – som för att ta mig själv i kragen, ge mig själv en åthutning: *vad är det här för larv?* – men insikten stod som skriven i neon i mörkret: En dag skulle allt vara över. Och jag visste inte riktigt hur jag skulle hantera det, för jag hade ingen övning. Det tog en stund innan jag lyckades vifta bort den som ett uttryck för nattskräck. Dagen efter var den dock tillbaka, som ett irriterande myggstick, eller en viskande röst. Och så har det fortsatt.

Hos terapeuten liknade jag det som hänt vid det som sker vid halvfyra på morgonen, när jag jobbar natt.

Det finns nämligen en punkt, då natten går från att kännas oändlig till att vara ändlig. Fram till halvfyra är jag i regel orädd och inspirerad, och upplever att ingenting är omöjligt. Jag har också en förvriden syn på tiden, för jag tänker att jag skulle kunna hinna med vad som helst innan morgonen kommer. Vid halvfyra – då det första fågelskriket hörs utanför – blir jag genast orolig och självkritisk. Och jag börjar undra varför jag begått misstaget att stanna uppe hela natten, börjar fråga mig själv vad det egentligen är jag sysslar med. Natten blir plötsligt verklig.

Kanske är det så enkelt, att det är vad som skett också i livet. Jag kom över krönet, och nu ser jag slutet.

Skiftet är lika tydligt som när man stämt träff med någon som är försenad. Man står och spejar och så plötsligt – där! – dyker personen upp, och situationen förändras på ett ögonblick.

Jag som i alla år betraktat Alex som psykiskt labil för att han så ofta tänker på döden, och för att han envisas med att fantisera om den. Nu kan jag förstå honom bättre.

Men jag har fortfarande ingen större dödsångest.

Alex har rätt, en nedräkning inleds, men jag håller inte med honom om att den bara är negativ.

Jag har börjat ringa min pappa igen, utan att nödvändigtvis ha något viktigt att säga. Bara för att höra hans röst. Det är nytt. Samtalen är kanske inte helt friktionsfria, och de pågår inte särskilt länge, men bara det att jag känner behovet av att ringa honom ibland, innebär att någon typ av förändring skett.

Dessutom: Sedan nedräkningen började har jag blivit mer målmedveten och energisk.

Några dagar efter Truls olycka står jag till exempel i kön på ett kafé för att köpa morgonkaffe. Jag bläddrar i *Dagens Nyheter* och ser en annons för ett sommarhus i Vejbystrand. Omedelbart rusar jag ut på gatan, ringer Malin och köper sedan flygbiljetten på mobiltelefonen. Den effektiviteten är *ny*. Det finns ingen tid att spilla längre.

Bara två timmar senare står jag i incheckningskön på Bromma flygplats – på väg mot någonting som kan förändra mitt liv.

Det är en speciell känsla av lätthet att gå på ett plan utan något handbagage, utan att ha checkat in någon väska. Det var dessutom länge sedan jag befann mig på en flygplats utan barn, vilket gör frihetskänslan än mer påtaglig. I taxfree-shoppen sprayar jag olika parfymer över armlederna och händerna tills det sticker i ögonen – bara för att jag *kan*, och utan att någon drar i mig. Sedan sätter jag mig i gaten och ser ut genom panoramafönstret. Jag njuter av tystnaden samtidigt som jag betraktar flygplanen som passerar förbi på asfalten utanför, långsamt, långsamt. Blanka jättefåglar av stål som sakta rullar fram på väg mot körbanorna.

Det är först när jag sätter mig ner i flygstolen som jag inser hur viktig den här dagen kan komma att bli. Man skulle kunna kalla det för en fyrtioårskris, att så ogenomtänkt kasta sig på ett flygplan för att köpa ett hus, men i morse när jag såg bilden framstod det helt självklart, nästan ödesmättat: Jaha, där är det, vårt hus som vi ska bo i under de närmaste trettio till fyrtio somrarna.

Jag ser ut genom fönstret medan planet lyfter, och känner att det är så mycket som är i förändring, att jag inte längre vill analysera det. Jag är rädd för att störa det som sker, helt enkelt. Jag konstaterar bara att *nu händer det saker som kanske kommer att förändra mitt liv.*

Jag sjunker inte längre, jag är på väg mot ytan.

Om huset är så fint som det verkar kommer vi att köpa det. Barnen kommer att förknippa det med sin barndom, de kanske till och med kommer att känna inför det som jag känner inför min farmors hus, som låg bara tvåhundra meter från detta. I så fall har jag lurat tiden, äntligen fått den att gå baklänges.

Jag tänker att det kanske var oundvikligt. Förr eller senare skulle jag återvända till Vejbystrand. Det finns ett (litet) antal drömmar som följer en människa genom hela livet. Drömmar man alltid haft och alltid kommer att ha. Drömmen om att en dag köpa hus i Vejbystrand är en sådan.

Jag har till och med diskuterat denna dröm i terapin. Jag gör framsteg där. Jag använder kritor. De ligger mellan oss på bordet och jag sträcker mig ofta efter dem för att visualisera det vi talar om. En teckning som jag ritar om och om igen föreställer något som liknar en atom. Det är ett försök att få på pränt idén om en kärna. Tanken föddes när jag såg alla foton på vinden, såg hela mitt liv utifrån. Att det finns något i varje människa som aldrig går att ta bort. En konstant kärna. Något som man kan kalla *inre ålder.* Runt kärnan snurrar erfarenheterna som elektroner, men utan att förändra den.

Idén bekräftades på klassåterträffen innan sommaren. Många av mina gamla klasskamrater hade förändrats utseendemässigt, men den inre ålder de hade i högstadiet fanns fortfarande där. Vissa av dem var gamlingar redan i högstadiet. Det fanns något plågat över dem eftersom de kände sig osynkade med alla femtonåringar de hade omkring sig. Nu var de äntligen harmoniska. Det syntes lång väg att de var lyckliga över att det var slut på klubbandet och dejtandet nu – och allt annat som hör ungdomen till – så att de kunde grilla i lugn och ro på altanen med andra par.

Om tesen stämmer är det alltså ganska lätt att ta reda på någons inre ålder. Den som har arton som inre ålder kommer att vara som mest tillfreds med livet när den är arton, för då är den inre och yttre åldern i synk. Man är en hel människa. Resten av livet känner de sig gamla och klagar ofta över hur ångestfyllt det är att fylla år. Dessa människor är enkla att känna igen eftersom de ofta är nostalgiska. "Kommer du ihåg språkresan till London?" säger en trettioåring med den inre åldern arton – medan vi andra bara tänker: "Ja, usch vad den resan var pinsam." För andra kommer peaken först när de är trettiofem, och innan dess betraktas sådana personer ofta som lillgamla, nördiga. De kan inte riktigt nå in till festens kärna som unga – för de är ju trettiofem och vet inte riktigt hur man för sig på en fest för artonåringar.

Kanske är min inre ålder sextio till sextiofem. Jag drömmer ju ofta om när jag äntligen ska få sitta i min fåtölj och läsa och skriva i lugn och ro. Utan några större krav från omvärlden. Och jag har en hemlig dröm att åka i finkan. Fy fan vad skönt. Klara, tydliga rutiner. Inga räkningar, inget schema som stressar. Det är därför jag längtar till pensionen, och det är därför jag undviker kontorsjobb. Det är viktigt – att hitta ett jobb där man får vara sin ålder. Anders Timell lever mitt i krogsvängen och njuter av det eftersom han får fortsätta vara tonåring. Och jag är författare och podcastare för att jag i min lokal kan vara sextiofem. Så fort jag kommer in där börjar jag röra mig i slow motion, som en gammal man. Sätter på te och Mozart och känner hur till och med *tankarna* saktar ner. Jag har inte ens internet där. För en sextiofemåring känns det för stressigt med alla åsikter fram och tillbaka på sociala medier. Det räcker bra med en *Svenska Dagbladet*, tack.

Det här skulle också förklara varför familjemedlemmar ofta har problem att mötas, även de som inte bär på några gemensamma trauman. Det är ju så för vissa familjer, det är något som skevar bara. Som i min familj. Min pappas inre ålder är tjugofem. Min brors fyrtio, min mammas femtio och min egen alltså sextiofem. Det är klart att det uppstår konflikter.

Kärnan i personligheten är beständig. Och så läggs erfarenheter på den. Som det hängs kulor på en julgran. Det är som de säger i teveprogrammet *Biggest Loser*: "You *are* not fat. You *have* fat." Det är samma sak med inre åldrar. Du *är* inte fyrtio. Du *har* fyrtio julgransårskulor på dina grenar bara. Den ålder du faktiskt är, förändras inte – och det gör att vi tilltalas av fasta punkter i tillvaron.

Vejbystrand är min.

Jag tänker att min känsla inför Vejbystrand är så nära religion jag kommer. En förnimmelse av någonting väldigt privat, nästan hemligt – som jag skulle skydda med mitt liv. En helig plats, en helig upplevelse.

Jag håller med Alexander Bard och synteisterna om att alla människor är religiösa, att vi är hårdprogrammerade att förr eller senare välja religion, och att man inte kan göra någon skillnad på vår privata religion och någon av de stora världsreligionerna – *känslan* är densamma. När jag tänker på Vejbystrand så tänker jag på något fullständigt rent och gott. Blotta tanken ger mig hopp och trygghet, som när den religiöse försjunker i bön och når kontakt med sin frälsare.

Synteisterna menar att Gud är verklig, men att vi har placerat hen fel i tid. Hen fanns inte i början av tiden, hen finns *framför oss*. Gud blir till i oss, av oss. Det är en poetisk tanke. Jag skapar Gud genom att köpa ett hus i barndomens Vejbystrand. Jag överlistar tiden.

Det är nödvändigt att göra detta för att må bra. Jag måste återerövra det förlorade landskapet, en gång för alla. När min farmor dog och gården såldes gick någonting sönder. Inte bara i mig utan i hela släkten. Det som hade varit vårt nav var plötsligt borta. Det jag gör nu är en religiös handling, på liv och död.

Någonting händer med mig – när jag är över krönet. Jag vill bygga ett fundament inför det som kommer. Jag vill ge mina barn den fasta punkt i tillvaron som min farmors hus i Vejbystrand var för oss.

Det är dags att växa upp nu, det är inte för sent.

Planet glider ner genom molntäcket. Jag känner igen Bjärehalvöns karaktäristiska form; landtungan som sträcker sig ut i det stålgrå havet. Molnens kilometerlånga skuggor på rapsfälten där nere.

Jag tar en taxi från flygplatsen och uppger adressen. Sitter i baksätet och slås av hur oförändrat allt är. Jag känner igen varenda stugknut.

När vi anländer till Vejbystrand har jag nedrullad ruta och huvudet utanför bilen som en vittrande hund. Jag vill insupa vartenda intryck.

Taxin rullar in på tomten. Naturen runt huset är lika lummig och buskarna blommar lika ymnigt som i annonsen. Bilderna lurades inte. Mäklaren kommer gående över gräsmattan och möter mig. Vi skakar hand och jag berättar lite om min relation till byn. Sedan vänder vi oss gemensamt mot huset. Det är ljusgrått och till och med lite större än jag trodde. Han frågar om jag vill börja med huvudbyggnaden eller gäststugan.

Jag säger att jag ser fram emot att titta på huset, men att jag först vill kolla hur det ligger i förhållande till min farmors gamla tomt. "Kan du vänta här?" frågar jag. Han ser förvirrad ut – en potentiell köpare som knappt tittar på objektet, utan i stället springer bort för att titta på en annan tomt? Jag vänder mig om och joggar i väg. Hjärtat hamrar hårt i bröstet nu, för jag närmar mig Ground Zero.

Det är omöjligt att inte bli sentimental när jag springer över fältet, för jag tänker på fotot från 1976 som föreställer hur jag som tvååring naken springer på just denna gräsmatta, över just detta solblekta gräs. Jag springer fortare och fortare, för jag blir alltmer nyfiken på hur det kommer att kännas att vara tillbaka på platsen. Skitsamma om huset är rivet, det är ändå helig mark.

Snart når jag höjden och den gamla eken och stannar upp. Sjunker ihop på marken av ansträngningen.

Sitter hukande och flåsar och försöker förstå vad som är vad.

Jag använder eken som utgångspunkt för att lokalisera mig, men det är inte lätt. På platsen där gården stod står nu sex trävillor i olika färger. Det är den typ av hus som kommer färdigbyggda och som monteras ihop som en byggsats. På gården mellan husen finns en asfalterad vändplan och en oinspirerande lekplats med en plankgunga och en rutschkana.

"Hur går det?" hör jag bakifrån. Det är mäklaren som kört ifatt mig på stigen och ropar genom det nedrullade fönstret.

Jag vänder mig mot honom och ser Skälderviken bakom hans bil, en kilometer bort, bortom träden. Doften av tång blir plötsligt påtaglig. Hur kommer det sig att jag inte kände den tidigare? Jag säger att jag vill vara ensam, och bara sitta här en liten stund.

Jag sätter mig ner i gräset. Känner den torra jorden under händerna. Allt är bekant här. Jag satt ofta så här som barn och undersökte material; bark, löv, jord.

Det finns något i luften som är bekant också, och i ljuset. Doften av nyklippt gräs, starkt som te, precis som förr.

Men jag vet nu att jag inte kommer att köpa huset.

Den här platsen tillhör det förflutna. Den är inte mina barns, den är inte Malins. Den är en förtrollad plats. Ett magiskt stämningsmättat gammalt museum – men ändock – ett museum. Och i stället för det jag hade förväntat mig skulle ske – att barndomens magi skulle skölja över mig – fylls jag av sorg.

För på denna plats är barndomen längre bort än på någon annan plats. När jag befinner mig i Stockholm kan jag alltid sluta ögonen och intala mig själv att barndomen fortlever, att farmor fortfarande står utanför sitt hus och rensar ogräs under rosenbuskarna – det är uppenbarligen omöjligt att göra här.

Frågan är om barndomen någonsin känts så fjärran som nu. Hennes frånvaro känns i hela kroppen, det blir så påtagligt alltihop: Att jag inte kan gå fram till hennes dörr och knacka på, att den är borta, för alltid, att jag inte kan promenera över gräsmattan och se henne stå i trädgården och pilla med sina rosor och röka sina blå Blend, för hon är död. Hon har varit död i tjugo år.

Och när jag sitter här, *över krönet*, och tänker på hennes död, är det som att hon dör nu – för första gången – för minnet drabbar mig med större kraft än hennes död gjorde i stunden. Jag var där, men jag var inte där. Jag var där och såg på, men jag hade inte verktygen att tolka det jag såg. Hon satte sig upp i sängen och hostade upp en munfull blod och sjönk sedan ihop livlös. Ändå var jag oberörd, för jag förstod inte vad det var som hände framför mig. Jag tog in det men jag kände det inte. Jag såg det men det skrämde mig inte, för jag förstod det inte. Jag bara konstaterade: Hon har krympt av sjukdomen. Hon är liten som en fågel. Hon vägrar operation. Hon vill inte att de ska "gräva" i henne. Hon har rökt två paket cigaretter om dagen sedan 50-talet. Denna doft, som jag älskade som barn, hennes ständiga bolmande, har tagit livet av henne, det stod jag där och tänkte. Jag registrerade allt detta, men jag var avstängd. Jag var så ung att jag i stunden inte ens fattade att hennes död också skulle innebära släktens död. Hon var den sammanhållande kraften. Utan henne och hennes gård, ingen gemensam plattform att mötas på. Och nu är allt för sent. Jag kan ingenting göra. Det enda jag vet är att det vore fel att bo här intill och sedan dagligen påminnas om att farmor är död och att släkten är strödd för vinden och att barndomen är borta för alltid.

"Ska vi titta på huset nu?" ropar mäklaren från bilen. Jag vänder mig mot honom men svarar inte. Jag höjer blicken och ser solen glittra i havet bakom honom. Ser de stora vita båtarna på väg till havs.

Jag minns hur jag brukade se på båtarna som barn. De var på

väg mot ett oerhört äventyr, brukade jag tänka. Det var svindlande att fantisera om vilka hamnar de skulle lägga till vid ute i världen. Jag kunde stå länge och bara glo på dem och drömma om att en dag borda dem, följa med till något fjärran land.

"Kan du skjutsa mig till flygplatsen?" frågar jag. Han ser häpet på mig.

Jag sätter mig i baksätet. Ser ut genom fönstret, ser bort mot farmors tomt en sista gång när vi svänger ut mot motorvägen. Det var ett misstag att åka hit. Två steg framåt, ett steg bakåt. Och sökandet fortsätter någon annanstans.

KAPITEL 12

VÄGEN FRAMÅT

•

Där Sigge drömmer om framtiden, vandrar längs en strand och tänker på allt det som måste hända

Där Alex drömmer om framtiden, besöker sin mamma på sjukhuset och tänker på allt det som aldrig hände

Sigge
ATT SÖKA EN RÖST

Upplevelsen är bekant. Redan efter några steg i vattenbrynet infinner sig en känsla av att ge sig ut på äventyr fast utsikterna att stöta på något äventyrligt är väldigt små. Kanske är det själva *möjligheten* som gör det så påtagligt.

Det är tydligt att säsongen är över. Fasaderna är kulisser på en scen som är tom efter sommarens föreställning. Höga himlar, tunna moln som rör sig sakta över skyskraporna och upplöses i det blå när de når ut över havet.

När jag vandrar ser jag mina nakna fötter som för varje steg på nytt sjunker ner i den våta sanden. Jag känner igen varenda detalj fast jag aldrig varit på just den här stranden. Vattnet som sköljer över vaderna. Skummet som glider upp över sanden som tunna skivor. Benen som är vita, som plötsligt ter sig starka, som övervinner kvicksanden och de sugande vågorna. Jag har aldrig varit här men jag har ändå varit här, många gånger.

Det är eftermiddag – solen ligger lågt nu, men hettar ändå i ansiktet.

Det är dags nu. Jag måste hitta en ny plats, ett nytt sätt att leva. Det går inte att älta det gamla längre, jag måste framåt. Äntligen vet jag.

Jag har smitit i väg varje dag på semestern för den här typen av ensampromenader. Jag känner igen känslan, den har tagit form det senaste året, i terapin, i vardagen, i de malande tankarna. En psykologisk död, eller en pånyttfödelse, med allt vad det innebär. Ett sätt att leva blir ohållbart, ett annat tar vid.

Nu går jag här, nu måste jag hitta en ny inre röst.

Att befinna sig i en vändpunkt är spännande – och jag går i rask takt. Till slut nästan halvjoggar jag, som om jag ska lätta från marken om jag bara ökar hastigheten, som ett flygplan som accelererar på startbanan.

För att "förhöja" stunden ytterligare stannar jag vid en strandbar och beställer en iskall öl i plastmugg. Jag ler mot bartendern, han ler tillbaka. Ett tyst samförstånd. Som att vi gratulerar varandra för att vi befinner oss på denna plats.

Jag vandrar vidare, plastmuggen i handen. Stegen blir till en rytm. Orden börjar försvinna. Tankarna blir former.

Kanske går det att uppgradera ytterligare. Om jag körde på en jävla bra låt nu, men jag inser att jag saknar täckning och att jag bara har en enda låt i mobilens låtbibliotek: "Sailing" med Rod Stewart. I något sentimentalt rus över att vara på havet laddade jag ner den på båten hit.

När jag hör den igen är den mäktigare än jag upplevde den dagen innan. Han sjunger om och om igen att han seglar hemåt. Jag har aldrig tidigare noterat att detta är låtens röda tråd. Rod är på ett stormigt symbolhav och kämpar för livet för att hitta in till en trygg hamn, till *hemmet*.

Det finns väldigt få synintryck som stör musikupplevelsen. Stranden är en enda stor rymd, renskrapad på människor och solstolar. En och annan albatross cirklar avvaktande ovanför piren längre bort. Ett väldigt begränsat antal färger i synfältet. Det turkosblå havet, den vita sanden, den klarblå himlen. Och temperaturen är lagom sval och frisk.

Han vill hem alltså, Rod. Och kanske är det så de flesta av oss funkar, tänker jag. Vi drömmer om just det.

Jag stannar upp vid piren och sätter mig på kanten. Fingrar på det solblekta nedfilade träet. Känner hur huden stramar. Jag sippar på ölen. Den är redan ljummen men det gör inget, det känns närmast passande.

Jag tänker: Kanske är det en vattendelare, det där med "hem". Vissa av oss drömmer om att segla hemåt. Hitta en hamn. Segla hem, medan andra vill segla *bort* från hemmet.

Jag är som Rod, antar jag. Jag har alltid försökt segla hem. Ända sedan skilsmässan har jag velat tillbaka – mot barndomen, godispåsjakten, ansvarslösheten. Kanske är också denna promenad en längtan efter att upphäva tiden och åter igen vara tillbaka på barndomens stränder.

Låten tystnar.

Jag ser båtarna där ute. Påminns än en gång om barndomens bild av båtarna. De var på väg mot äventyr.

Bortom barndomens horisont fanns ett oändligt hav med delfiner som simmade parallellt med båtarna, med hotfulla piratskepp och tyska ubåtar, med den knarriga riggen som Mobergs utvandrare färdades på, på väg mot sina drömmars land. Det var ett sagohav och ett löfte om en dag då jag själv skulle segla på det.

Vinden tilltar och brusar i öronen. Jag letar i telefonen efter något annat att lyssna på. Uppgraderingen måste fortgå, alltid.

Ser att jag har laddat ner en intervju med Åsa Linderborg i *Värvet*. Jag tvekar först, eftersom jag är rädd att hon ska störa naturupplevelsen, att hennes röst ska påminna mig om jobbet och vardagen och allt det som ramar in och begränsar. Men jag tar risken – trycker på play och börjar gå igen – och redan någon minut in i intervjun är jag uppslukad av den. Inte minst för att hon låter ärlig. Jag upplever att hon inte gör sig till, uppskattar att hon vågar söka efter orden, utan att alltid ha svar.

Jag passerar en barnfamilj som leker i vattnet. Längre upp

sitter hela släkten och äter på filtar. Hörlurarna erbjuder en isolering som får mig att känna mig osynlig. De ser mig inte, de kan inte se mig.

Snart börjar jag dock reagera på vissa ord i Linderborgs svar. Vissa nyanser i hennes åsikter. Kanske är det naturligt: Eftersom jag tycker att hon är sympatisk så höjs snabbt kraven. Jag vill att hon ska vara perfekt. Jag vill uppgradera henne ett snäpp. Nu märker jag att jag begär av henne att vara felfri. Allt annat blir en besvikelse. Jag vill att hon ska vara som jag – tycka som jag, tänka som jag – fast lite bättre. *Lite* smartare. Men inte *för* smart. Bara lite *lagom* smartare.

Man blir besviken i slutändan. Finns det någon man inte blir besviken på?

Till och med de närmaste. Alltid besviken. Jag på dem, de på mig. Alla människor, smått besvikna på varandra. Vi är till och med besvikna på våra barn, så fort de blir elva, tolv tycker vi att de borde veta bättre.

Jag sätter på mig solglasögonen, känner att jag har erbjudits en unik möjlighet att tänka klart. Om det är någon gång jag skulle våga tänka tankar som inte är tillåtna att tänka så är det på en sådan här strand, under en sådan här promenad, medan familjen ligger på hotellrummet, djupt nedsänkta i eftermiddagstupplurens dröm.

Jag vågar formulera orden: Jag älskar inte människor. Jag älskar *möjligheten* att en människa kan vara älskvärd.

Längre bort finns en avgränsad strand för hotellgäster. Där ligger tjugo "möjligheter" på vilstolar i solen. Det är inte människor. De är möjligheter att en dag bli underbara och mogna. De vill ju – med största säkerhet – vara bra människor, allihop. Och det finns en möjlighet att de en dag lyckas. Att de en dag slutar ljuga, blir rena.

Så på sätt och vis kanske jag älskar dem ändå. På något plan. För att de vill. Trots att de inte är framme ännu – ingen av oss är det – så vill vi alla vara det.

Jag passerar vilstolarna med blicken fäst i vattenbrynet. Höjer volymen, låter Åsa Linderborgs röst omsluta mig. Och jag inser att det är som jag befarat – vi är för olika ändå. Drömmen om att vara helt och hållet besjälad med en annan människa förverkligas bara i ögonblick, löses sedan upp som molnen ovanför stranden. Men volymhöjningen tillför ändå något. Jag kan fokusera helt och hållet på hennes röst. Det viktiga kanske inte är det hon säger, utan *hur* hon säger det: hennes vilja att vara sann.

Och nu lyssnar jag inte längre till orden hon säger, utan till melodin i hennes röst. Hon tänker efter. Hon tycks anstränga sig, det verkar nästan fysiskt, hur hon kräver av sig själv att ge svar som hon bottnar i.

Jag sätter mig till slut i sanden, med fötterna utsträckta så att de ska översköljas av vågorna.

Mina händer är under den solvarma sanden nu, jag gräver ner dem så långt att jag når våt kall lera, och samtidigt pressar jag ner fötterna i den mer grovkorniga sanden i vattenbrynet.

Detta är kanske en väg framåt: Att bedöma en person inte efter hennes åsikter utan för om hon är en ... jag vågar knappt säga ordet, eftersom det låter så abstrakt ... *bra* person. Det är en svår väg, för hur bedömer man om någon är *bra*? Det är lättare att recensera någons åsikter än någons "melodi". Ändå vet vi det alltid, intuitivt, när det händer: Framför mig sitter en bra människa. Vi känner det, men vi är programmerade att fokusera på åsikterna, och så tappar vi bort oss.

Det är målet. Inte att ha intelligenta åsikter, eller formulera snygga meningar, utan att vara ... bra. Men att omvärdera ens syn på språket är inget man gör över en natt. Särskilt inte jag. Redan tidigt var orden min enda bro till omvärlden, och jag älskade att de gick att kontrollera. När de andra lärde sig flirta eller skämta, så förälskade jag mig i orden. Om ett ord inte passade in så var det som att det lyste rött i texten. Stack ut i repliken. Och när man hittat sin grej påverkar det en trettonåring, en elvaåring. Man ser sig i spegeln och börjar identifiera sig med något man är bra på. Det blir fundamentet för ens intellektuella tillblivelse som sexton-, sjuttonåring, som sedan utgör fundament för de första försöken till nära relationer.

När jag tänker på de första förhållandena jag hade så tänker jag framför allt på övertalningsförsöken. Att ligga på rygg på en madrass i en studentlägenhet och försöka övertala henne att vi skulle fortsätta vara ihop. Att sitta på uteserveringar och försöka övertala hennes vänner att jag är en spirituell pojkvän. Att experimentera med de första politiska åsikterna, och där också försöka övertala någon att jag var mer påläst än vad jag egentligen var. Identiteten var språket och språket gav möjlighet att styra och därför trodde jag mig kunna styra hur omvärlden såg på mig.

Det är ett helt livs övertro på orden som ska nedmonteras om orden ska bytas ut mot melodin. Och det är svårt – särskilt för en person som fortfarande övertalar, och berättar, dagligen. Som livnär sig på det. Kanske är det just denna stora insikt jag närmat mig i terapin det senaste året, att jag måste riva ner hela förhållningssättet till språket – till språket som skydd. Men jag har aktivt hindrat mig själv. Jag vill ju fortfarande bli förstådd. Och omtyckt.

Ändå ... Någonting är tveklöst på väg att hända. Jag utmanar mig själv att sluta berätta. Det är den svåraste utmaning jag står inför.

Jag lärde mig tidigt att det fanns två verkligheter – *livet* och *berättelsen om livet*. Och jag lärde mig att den viktigaste av dessa två var berättelsen. Det var omöjligt att föredra livet framför det förföriska berättande som pågick dagligen i mitt barndomshem. Jag såg det på nära håll, året om. Att sitta intill min pappa när han klistrade in bilderna i fotoalbumet och skapade familjens berättelse, att följa med honom till jobbet och se honom arbeta med ett tal tillsammans med Olof Palme eller Kjell-Olof Feldt, att höra honom skapa innehåll av högst vardagliga händelser. Det skedde inte minst när vi varit på resa under sommaren och kom tillbaka till Stockholm och hade middagsgäster och han berättade för dem om det vi varit med om. Han ljög inte, miraklet var större än så. Det fanns något slags system bakom vilken information han valde att presentera och i vilken ordning. Han var en mästare på att vända och vrida på orden så att de bildade något som var mycket mer intressant än själva händelsen. Jag ville bli som han.

Sedan blev just denna egenskap hos honom den jag hatade mest. Och fram till nu har jag ägnat mig åt denna uttömmande ansträngning att *inte* bli som han.

Men ansträngningen var misslyckad, för att inte säga kontraproduktiv – jag berättade konstant, för alla som ville lyssna, om honom. Om vår konflikt, om hans person, men också när jag inte berättade om honom så handlade berättelserna om honom.

Allt har varit ett sökande – utan att egentligen vilja hitta något. Kanske är det min stora hemlighet. Jag har velat vara kvar på den trygga plats där jag befunnit mig sedan 1988: Jag har påstått att jag vill framåt men egentligen har jag bara velat stå kvar här och berätta om hur mycket jag vill framåt. Innerst inne har jag velat bakåt.

Frågan är då hur alternativet ska se ut, i praktiken. Om jag nu i grunden ger upp tron på språkets förmåga att förklara de stora frågorna – hur går jag då vidare?

Detta tänker jag på när jag sitter där – uppgraderad med en öl i systemet, med Rod Stewart och Åsa Linderborg färska i kroppen.

Tidigt stakade jag ut en väg, där språket skulle utgöra ett substitut till den värme som hade gått förlorad i skilsmässan. Det var ett ständigt pratande och skrivande av en panikslagen person. Jag gjorde allt för att laga det som gått sönder. Eller för att använda Rod Stewarts metafor: för att segla hemåt.

Livet som sedan följde innebar en stor besvikelse över att ingen jag mötte var som drömfigurerna i barndomshemmet.

Inte ens drömfigurerna själva var som drömfigurerna i barndomshemmet. Bara i vissa ljuvliga ögonblick sveptes barndomens värmande filt runt mig och jag var tillbaka. Sedan rycktes den bort, lika snabbt som den uppstått, och jag började med övertalningsförsöken igen.

Hissa segel, full motor – bakåt. Försöka navigera tillbaka. Segla hemåt. Uppgradera bakåt. Varje text var en dröm om att nå i mål, att nå i hamn. Och då är det oundvikligt att man till slut tummar på sanningen. Segelbåten får inte stå still. Till varje pris måste resan bakåt fortsätta.

Jag ser att folk tittar på mig där jag sitter. Jag bryr mig inte om att shortsen blir blöta.

Hur ska man kunna nå sin fulla potential om man ständigt står på däck och spejar efter land och försöker segla hem?

Jag slår på Rod Stewart igen, men nu når den inte riktigt lika djupt. Kanske är öleffekten på väg att mattas av. Låten är sentimental, den bygger på en romantisk dröm, det är därför den är så älskad.

Jag kan omöjligt veta om det kommer att gå att ta med sig känslan tillbaka till hotellrummet sedan, tillbaka till vardagen, men här och nu, med saltsvidande lår och nedkylt skrev, är jag övertygad: Jag ska inte segla hemåt, inte längre. Jag ska skapa en ny plats, för mig och Malin och barnen. Eller ... *vi* ska skapa den. På en plats som inte är Vejbystrand. Vi måste vidare. Det tog tjugo år att inse men nu vet jag.

Jag ska sluta berätta mig tillbaka. Det är slut nu, på nostalgin. Tillbakablickandet har ändå ingenting med barndomen att göra.

Jag ska segla till en annan plats, jag ska uppfinna ett nytt språk – och bygga ett nytt hem. Jag ska skapa en hemlig plats, där melodierna är viktigare än orden.

Alex
LIVETS OLIDLIGA LÄTTHET

Tiden är en tratt genom vilken livets alla oändliga möjligheter reduceras till ett definitivt förflutet. Vi hanterar tratten på olika sätt. Jag kan förbanna mig själv för att jag alltför ofta borrar blicken i det som tratten lämnar efter sig, detta exakta förflutna, och att jag tror mig kunna hitta svaren där. Jag tänker på allt som hände i familjen genom åren. Vad gjorde vi? Älskade vi varandra? Jag gräver och gräver i saker som redan hänt på jakt efter formeln till mig själv. Andra tror att svaren finns inne i själva tratten, att den som kan leva mest intensivt i nuet vinner. Men inne i tratten existerar inga erfarenheter, och där finns inga konsekvenser. Allt är isolerat, att leva i nuet kan vara ganska ensamt. En tredje kategori människor riktar blicken i det som tratten ännu inte nått fram till. Framtiden. De tänker på döden, vilket möjligen ger dem ångest, eller så tillbringar de sina liv i en ständig längtan efter något som snart ska inträffa. En resa till Thailand i vinter. Lönen den 25:e. Kärleken. Längtan efter det som ska hända överskuggar det som faktiskt äger rum.

Drömmen om framtiden. Fantasierna om allt som ska hända

då. Det är inte att vara vuxen, det är barndom för mig, dagdrömmerierna när jag gick med min Salomonryggsäck på väg från skolan. Alla stora förhoppningar under solen, allt pirr i magen, alla nedräkningar man gjorde i anteckningsboken. Tre dagar kvar till Gröna Lund. Små svarta punkter av drömmar som man vill ska gå i uppfyllelse. Men där fanns också drömmar som brände bredare. Jag längtade efter min mamma. Jag ville ha henne tillbaka. Jag minns att det fanns en tid då hon var min, stunder vi delade när jag var tre eller fyra år. Vi låg i soffan och mamma kliade mig på ryggen och jag ville aldrig att hon skulle sluta. Eller när jag skulle sova och mamma sjöng sången om trollmor och de elva små trollen och varje gång hon sa "buff" så tryckte hon försiktigt sin näsa mot min. Då var hon min egen mamma. Hon blev kall sedan, men kylan stötte inte bort mig. Jag stod kvar hela tiden, lite på avstånd, och väntade på henne. Längtade. Jag ville att vi skulle mötas igen. Hela min barndom var en lång väntan på att få tillbaka min mamma.

Jag minns för några år sedan, det var dagen före julafton. Vi dekorerade lägenheten med min pappas och mammas gamla julpynt, som jag fått ärva. Jag placerade en tomtegubbe i miniatyr på spishällen. Gubben satt och tog igen sig på en bänk och log ett underligt leende. I handen hade han säcken med klapparna. Den lilla säcken var fylld med tidningspapper, så att den skulle se full ut. Jag började plocka ut tidningspappren, för jag tänkte väl att det kunde vara roligt att se hur tidningspapper från 80-talet såg ut. På ett av pappren stod tre handskrivna rader, en hälsning från mig själv som sjuåring. Texten var skriven med agentpenna – man skrev först med osynligt bläck och för att sedan se vad man hade skrivit var man tvungen att vända på pennans skaft och markera ytan man just skrivit på. Jag hade skrivit ner mina hemliga ord mitt på dagen på julafton, någonstans i det där svarta hålet av väntan på att få öppna julklapparna. Det stod: "Mamma och Niklas har bråkat men det vet inte pappa om än. Jag längtar till i kväll."

Jag ömmar för den pojken, balanskonstnären som försöker få familjen att fungera. Den lille gossen som tagit på sig rollen som diplomat, som försöker se till att de starka viljorna studsar varligt mot varandra. Och just i dag är det julafton och insatserna är höga. Det är så mycket som kan gå fel och det får inte hända. Pappa gillar inte att man bråkar på dagen då Jesus föddes, och om pappa får veta att mamma och Niklas bråkat så kan saker och ting bli värre. Hela tiden denna oro för vad som händer omkring mig. Men framför allt: längtan. Ingen gång i livet lever en människa så lite i nuet och så mycket i framtiden som när hen är barn och klockan är mitt på dagen på julafton. Längtan var brinnande, den gjorde direkt ont. Och tiden gick långsamt.

Långsammast gick den i kyrkan på julaftonsmorgonen. Kyrkan var ett svart hål, där tiden böjdes så att den stod still, den dallrade. Vi stampade av oss snön från kängorna i förrummet, tog emot en psalmbok med blad tunna som fjärilsvingar och vandrade in i kyrkan och det brann levande ljus överallt och där stod Jesus på korset och tittade på oss. Temperaturen inne i kyrkan var alltid precis mitt emellan utomhus- och inomhustemperatur, för kallt för att ta av sig täckjackan, för varmt för att ha den på. Vi väntade. Och prästen talade från långt håll, det ekade mellan väggarna och jag hörde aldrig riktigt vad han sa. Och så sjöng vi psalmer. En organist spelade över oss, bakom oss, men jag fick inte titta, för pappa sa att man inte får vända sig om i en kyrka. Dessa psalmer sjöngs mycket långsamt, det var knappt styrfart på sången. Jag snabbläste texten i psalmboken, läste den i förväg, dansade över raderna i förväg och återvände till nuet och sköt i väg mig själv igen framåt bland psalmverserna, jag var en tidsresenär som tröttnat på nuets fasansfulla långsamhet. Sedan mumlade vi alla "Fader vår" och precis när allt var över, när vi stakat oss igenom det långa programmet, så inträffade något som inte stod med någonstans: kollekten. Den mest långdragna aktivitet som finns att uppleva på planeten jorden. En dyster man gick runt med en håv och var och en lämnade några kronor i den. Pappa och mamma gav oss barn några slantar och jag stoppade ner pengarna och nickade mot mannen på det sätt som jag sett att de andra gjort och han nickade tillbaka och där och då var det som att jag var genomskinlig, jag existerade inte i nuet över huvud taget. Jag fanns åtta timmar i framtiden med hela mitt väsen.

Drömmen om framtiden.

Jag kan sakna det där pirret i magen som jag alltid hade när jag tänkte på allt som skulle hända "sen". Som barn var framtiden en magisk plats där fantastiska saker kunde hända. I hallen i mitt barndomshem hade vi ett fotografi på min morfar. Han står i en backe och tittar uttryckslöst förbi kameran. Det är mörkt, men bakom krönet där uppe på toppen så ser man att något lyser. En sol, kanske, i skymningen, eller en cirkus eller lanternorna från en uteservering eller en myllrande stad. Jag älskade det där fotot, jag tyckte det var så spännande, det där mystiska skenet bakom krönet. Jag ville dit! Jag ville se vad det var som glödde så fint där bakom. Det är ju en fin bild av framtiden, något som glöder bakom ett krön. Men ju äldre jag blir desto läskigare blir allt det där som finns bakom krönet. Och när jag i dag ser på fotografiet – som nu hänger i min hall – tycker jag att det är en direkt obehaglig bild.

Jag är mer oroad än road av framtiden. Jag vill inte tänka på den. Jag blir konfys av Sigges vansinniga längtan efter allt som eventuellt finns bakom krönet. Han ska hitta sin nya röst, söka efter sitt nya hem, en hemlig plats där melodierna är viktigare än orden. För Sigge är glimret bakom krönet en guldskatt och han ska hitta den. För mig blir det alltmer diffust vad som egentligen är poängen med allt sökande. Jag vill inte till krönet längre över huvud taget.

Vi har fastnat i tiden. Vi stirrar oss blinda på det som hänt, vi stirrar oss blinda på det som händer just nu och vi stirrar oss blinda på det som ska hända. Men vi har missat det kanske viktigaste av allt. Nästan aldrig fäster vi uppmärksamheten på det som aldrig hände. Kanske är det där de stora svaren ligger, att lyfta blicken från då–nu–sen och titta ut över det oändliga hav av möjligheter som det aldrig blev något med.

När jag var tio år bodde vi på fjortonde våningen i ett höghus i Farsta utanför Stockholm. Det var lördag eftermiddag, mamma och pappa sov, som de alltid gjorde på lördag eftermiddag. Jag hade inget att göra, jag längtade till kvällen, då fick vi chips och dipp och läsk. Jag hittade kondomer i en av mammas och pappas byråar och av dessa gjorde jag små vattenbomber som jag släppte ner från balkongen över torget nedanför huset. Det var sent och torget var avfolkat. Det dova ljudet när vattenkondomerna krossades mot asfalten långt där nere, som atombomber på långt tryggt håll. Det var berusande. Jag kastade många vattenkondomer. När de tog slut fyllde jag ett par plastpåsar med vatten, de svarta fläckarna där nere blev större av nedslagen, ljudet högre. När plastpåsarna tog slut letade jag vidare. Jag hittade en värmeljushållare i solitt glas. En tung liten sak. Jag vägde den i handen, såg framför mig förödelsen där nere när den gick i tusen bitar. Jag gick ut på balkongen, kall vind från sidan. Små drivor av snö på stengolvet som jag undvek när jag gick mot balkongräcket. Jag kastade i väg ljushållaren i en försiktig båge. Det var först då, precis när jag släppt taget om den, som jag såg gestalten där nere. En äldre kvinna som långsamt rörde sig över torget, klädd så mörkt att hon blev ett med asfalten. Skräcken genomskinlig som äggvita. Tiden blir märklig, sekunderna dras ut. Allting krymper. Det finns ett ljud här också, inifrån mitt system, en disharmonisk klang, som en felträff i tennis. Eller en hårt spänd stålvajer som släpper. Det är som att något går sönder inom en. Jag följer det glimrande klotet av glas när det i allt högre fart rör sig mot marken. Kvinnan vandrar långsamt precis mot den plats där ljushållaren om några sekunder kommer att träffa, som att det var förutbestämt så. Jag känner omedelbart: Den kommer att träffa henne. Och hon kommer att dö. Det händer så mycket i den där lilla pojkkroppen. Det tar nästan trettio minuter för värmeljushållaren att slå ner. Den träffar någon decimeter från henne. Kanske centimetrar, bara. En glasexplosion vid hennes fötter. Hon reagerar inte som man kunde tro, hon springer inte undan i panik. Hon står kvar, kanske förstår hon ingenting. Men hon tittar upp efter en stund och jag borde gömma mig, men jag kan inte röra mig. Jag tror hon ser mig där uppe, den lille pojken på balkongen som tittar tillbaka på henne. Det förstår vi kanske inte då, men vi har för evigt rört varandra utan att röra varandra. Jag kommer att tänka på kvinnan många gånger sedan.

Hon skyndar från torget sedan, jag följer henne med blicken. Hon går in på polisstationen på torget, jag kan se den från balkongen. Jag får panik. Jag förstår att mitt liv är över. Men det finns en gnista i mig, ett hopp och jag tänker: Det här ska du klara. Jag ser hur två poliser kommer till torget efter en stund. De står på huk och petar i glassplittret som de hittat. Någon av dem tittar upp, den andre gör samma sak. De tittar länge upp mot balkongerna. De går mot mitt höghus. Nu är det bråttom. Jag springer till hallen och skruvar bort ringklockan som sitter innanför dörren, det gör att polisen inte kommer att kunna ringa på och väcka mina föräldrar. Jag tar fram ett schackspel. Hysteriskt lägger jag ut pjäserna så att det ska se ut som att partiet ägt rum under lång tid. Vad menar ni? Hur skulle jag kunna ha kastat några grejer när jag spelat schack? Titta bara på brädet!

Poliserna kommer. Jag hör dem ute i trappan, deras walkie talkie sprakar och piper genom trapphuset. Jag hör hur de trycker på ringklockan som svarar ljudlöst. De börjar knacka på dörren. Jag öppnar inte. Jag sitter i mitt rum framför schackspelet. De slutar knacka. Det blir tyst. De börjar bulta. De bultar hårdare och hårdare. Någon av dem ropar: "Det här är polisen, öppna dörren!"

Mamma kommer ut, öppen morgonrock, nyvaken och arg. "Vad är det som pågår här", ryter hon. Hon springer mot dörren och öppnar. Sedan minns jag knappt något mer.

Pappa tvingade mig att skriva ett brev till kvinnan och jag har burit med mig henne sedan dess. Det är en av de mest avgörande händelserna i mitt liv, när jag kastade den där värmeljushållaren som inte träffade en äldre kvinna nere på torget. Då kände jag på riktigt att det hände något, eller att det INTE hände något och att detta var livsavgörande för mig.

Och sådant är också livet. Fyllt av ett avgörande ingenting. Det är varats lätthet. Alla parallella händelseutvecklingar, allt det där som kunde hänt men som aldrig gjorde det står där sida vid sida med det som faktiskt inträffade. Alla miljoner alternativ. Livet väger så lite jämfört med tyngden av allt det som inte hände. Och svaren finns oftast inte i det som varit utan i det som aldrig varit.

På sjukhuset. Mamma är på gott humör, hon ligger i sin säng och jag sitter på en pall bredvid och vi småpratar om vad som står i tidningen. Ingemar Stenmark ska vara med i *Let's Dance*. Så blir hon allvarlig och lägger sin tunna hand på min. Hon säger att hon drömmer om att resa bort över en weekend med mig. Till Paris, kanske. Eller Köpenhamn. Det spelar ingen roll, bara det är jag och hon. Hon vill så gärna umgås i lugn och ro med mig. Jag blir glad för förslaget, jag säger att det är en bra idé. Jag gör omedelbart planer, tittar upp mot krönet, det glöder och sprakar där bakom. Jag ska få min mamma tillbaka.

Min och mammas olidliga lätthet. Allt vi inte gjorde tillsammans väger så mycket tyngre än det vi faktiskt gjorde.

BORTOM TIDEN

KAPITEL 13

LIVET ÄR INTE KRONOLOGISKT

Alex
KARUSELLEN SOM SKA GÅ TILL KVÄLLEN

Minns du badbryggan nere vid Uddeholm, pappa? För en liten stund sedan var vi där och badade, hela familjen. Trägnissel och kluckande vatten och sus av vass i vinden. Vi skulle alla gå hem, men du sa att de andra kunde gå i förväg. Mamma och mina bröder försvann mot bilen och vi blev kvar. Bara du och jag, pappa. Jag lade min hand på ditt knä, din hud var varm av solen. Du satt tyst och blundade och jag gjorde samma sak. Jag ville alltid göra som du. Det var varma vindar där på bryggan. "Jag älskar dig, min pojke", sa du. Det sjöng i vassen. Det var bara ett litet tag sedan vi satt där på bryggan, du och jag. Det var trettiofem år sedan.

För en stund sedan åkte vi färjan mellan Trelleborg och Travemünde. Du ramlade ur britsen mitt i natten, mamma. Alla tände yrvaket lamporna – vad hände? Där låg du på golvet och du blödde på tån. Jag ritade en teckning över förloppet på morgonen sedan. Jag ritade dig med stora ögon och blod överallt. Du skrattade så länge åt teckningen, jag fick fjärilar i magen av ditt skratt, mamma. Du visade upp den för alla, och sedan bar du med dig den i handväskan, för du tyckte den var så rolig. Jag saknar när vi skrattade tillsammans, så att det bara lät som ett skratt och inte två. Det var bara en stund sedan, det var trettio år sedan.

För en stund sedan föddes du, Frances. Du kom när jag mådde som sämst i livet, jag hade panikångest och hjärtat slog så att jag trodde att jag skulle dö. Men när Amanda lade dig på mitt bröst så lugnade hjärtat ner sig. Det var som magi! Allt blev lugnt igen. Vi somnade tillsammans, bröstkorg mot bröstkorg. Du gjorde det, Frances! Det var så länge sedan, det var två år sedan.

För en stund sedan ramlade du, pappa, och bröt höftbenet när du skulle gå och kissa. För länge sedan dog du av sviterna efter operationen.

Vi var så avvaktande mot varandra genom åren, mamma. Så artiga på något sätt. Jag märkte att du ville något annat de sista åren, du ville in till mig. Och jag ville in till dig, men ingen av oss klarade av det. Vi uppförde oss väl mot varandra och pratade oftast vänligt. Men vi nådde aldrig mer varandra. Jag är så ledsen för det, mamma. Minns du oss? Hur nära jag var dig en gång? Minns du den där natten när jag drömde så hemskt och både du och pappa kom in till min sängkant och ni strök era händer över min panna? Jag var hysterisk och grät. Jag fick sova i er säng och pappa sa "kom, min pojke", men jag ville ligga hos dig. Minns du, mamma? När jag lade mig mot ditt bröst så lugnade mitt hjärta ner sig. Det var alldeles nyss, det var ett helt liv sedan.

För en liten stund sedan sprang jag in i ert sovrum utan att knacka och ni låg där och kramades. Jag hade aldrig sett er göra det förut, hjärtat tog ett språng. Jag minns allt, jag minns vilka lakan ni hade, de blommiga. Jag vände och sprang ut igen, smällde igen dörren och stod utanför och höll vakt. Ingen får störa dem nu, de är där inne och reparerar sin kärlek. Det var några år sedan, bara. Det var trettiotvå år sedan.

Minns du hur vi pussade varandra, pappa? Aldrig på munnen, aldrig på kinden, alltid på mungipan. Alltid när vi sågs, alltid när vi skildes åt. Varje dag. Minns du när ni bodde på Västkusten och jag hade flyttat hemifrån, som vi längtade efter varandra? Minns du när du skjutsade mig tillbaka till flyget efter mina besök? Ingen av oss kunde titta på den andre när vi tog farväl, vi pussade varandra på mungipan och gick. Minns du när jag pussade dig sista gången? Det var på Södersjukhuset, när läkarna med böjda nackar hade lämnat rummet och sköterskorna hade rullat ut apparaterna. Jag pussade dig och tog farväl. Jag var så ung när det hände, bara ett litet, litet barn. Jag var tjugosju år.

För en stund sedan spelade vi kortspelet "Femhundra" på torpet. Hela familjen, alla alltid på samma platser runt bordet. Pappa sa "äsch" när han fick upp ett dåligt kort, mamma sa "shit". Annars satt vi tysta och funderade över partiet. Det var ordlöst, för vi var självklara. Det var ju så där det skulle vara, livet ut. Vi skulle alltid sitta där och spela med varandra på kvällen, efter en dag i solen. Det var ju vi. Vi var familjen! Vi tillhörde samma energi och därför var vi magiska tillsammans. Det var inte meningen att det skulle ruckas, någonsin. Jag vill sätta mig i en bil nu på en gång, om fem timmar ger vi första given. Pappa tittar ut ibland och mumlar "nu kommer det regn". Varför går det inte? Jag förstår det inte. Vad är det som pågår?

Nu: En annan familj, men vem är jag i den? Ibland känns det som att jag spelar teater. Och ibland vet jag inte själv vilken roll det är meningen att jag ska gestalta. Jag sitter runt bordet och spelar "Finns i sjön", med Amanda och Frances och Charlie. Varför tittar Charlie på mig på det sättet? Misstar hon mig för en vuxen? Jag är sju år gammal och undrar var mina föräldrar är. Jag lägger ner ett par på bordet, jag ser mina händer, det är pappas händer. Och det är mina händer. Det här inträffar nu, det inträffar för tre decennier sedan. Det ekar så att det sjunger.

Mamma och pappa, ni är borta, men ni finns ändå kvar, inne i mig finns ett tomrum som också tar plats. Allt är nytt.

Minnena beter sig annorlunda numera. Jag blir osäker på allt. Jag är kriminalkommissarien på brottsplatsen som tittar ut över min egen barndom, men två av huvudvittnena har försvunnit. Vad ska jag ta mig till?

Varför berättade ingen det här för mig, hur det skulle kännas att förlora båda sina föräldrar? Jag har inte läst någon litteratur om det här. Jag har inte hört någon berätta, att när man förlorar sin andra förälder så förlorar man sin första igen. Varför sa ingen till mig att det är som att falla fritt?

Dagen före begravningen av mamma. Vi gör de sista planerna för jordfästningen och vi kommer inte överens om en detalj. Starka viljor plötsligt, hårda ord. Någon går ut på balkongen och röker för att lugna ner sig. Och jag bestämmer: Det här får pappa avgöra. För första gången på tio år tänker jag att pappa lever och för första gången på tio år så öppnas avgrunden sekunden efter när jag förstår att han inte gör det.

Mamma, gå inte.

Pappa, kom tillbaka.

Jungfru, jungfru, jungfru, jungfru skär, här är karusellen som ska gå till kvällen. Livet är den dansen, jag står runt stången, med mina barn precis till höger om mig och mina föräldrar till vänster. Vi håller varandra i armkrok. Solen skiner, det är dagg i gräset. Det känns tryggt och grundat, det finns glädje här. Jag vill dansa! *Skynda på, skynda på, för nu ska karusellen gå* – och karusellen går, den går fort och ibland kränger den till och jag förlorar balansen lite, men någon till vänster eller till höger håller reda på mig och vi skrattar. Plötsligt, med väldig kraft, förlorar jag taget om ena armkroken, mina föräldrar försvinner i väg och är borta. Jag får panik. Var är de? Var är min mamma och pappa? Det går inte att stanna nu, dansen fortsätter. Jag är rädd, jag söker med blicken i folkmassan. De var här alldeles nyss och dansade och nu ser jag dem ingenstans. Vad är det som pågår? Ge mig tillbaka mina föräldrar. Och vi dansar vidare, *för ha ha ha, det går ju så bra, för Andersson och Pettersson och Lundström och jag.* Dansen fortsätter, men nu finns det ingen glädje, visst, jag hör skratten, men jag känner bara skräck, för dansen går fortare och fortare och min ena arm fladdrar farligt fritt i den höga farten och jag hittar inte mina föräldrar någonstans.

Mamma, minns du den där natten när du och pappa varit på middag och kom sent? Jag hörde er redan ute i hallen när ni gjorde upp med barnvakten. Sedan kom ni in till vårt rum. Mina bröder sov, jag låtsades sova. Ni stod i dörröppningen och tittade på oss. "Titta på dem", sa pappa. "Har vi gjort de där", sa du. Ni fnittrade och jag tror att ni höll om varandra. Ni kom fram och satte er på sängkanterna. Doft av eau-de-cologne och cigarettrök och handväska. Du pussade mig på pannan när du trodde att jag sov, mamma. Du strök undan håret från mitt ansikte. "Du är min lilla kille", viskade du. Det brände till i bröstet, som när man är nyförälskad. Vad hände med oss sedan, mamma? Vad hände med dig och din lille kille? Det gick en stund då vår kontakt var mörk – det gick tjugofem år. Och sedan en period, alldeles för sent, när vi i alla fall försökte. Jag tror vi älskade varandra – varför hade vi så svårt att visa det?

Förra hösten. Vi har stämt möte på Stureplan, för vi har bestämt att du ska gå på bio med Charlie. Ni har aldrig setts själva på det sättet. Jag har frågat Charlie om hon vill, och det vill hon. Det här är ett försök från min sida. Jag lämnar över det dyraste jag har till dig, för att säga att jag älskar dig, mamma. Kanske har vi aldrig varit så nära varandra, som när våra blickar möts där på Stureplan, vi ser in i varandras ögon och vi ler mot varandra, ömsint, och när vi kramas så vill jag inbilla mig att kramen är längre och hårdare än vanligt, eftersom vi båda inser hur viktig den här stunden är för oss. Du tar Charlie med dig, mot Rigoletto. Jag står länge och tittar efter er där ni går hand i hand uppför Kungsgatan, och jag gråter hejdlöst. Gråter över alla åren som gått och alla misslyckandena vi varit med om, över allt det som vi gjorde och det som vi aldrig gjorde, men framför allt gråter jag för att jag äntligen återfunnit något som jag sökt efter länge, under mina expeditioner tillbaka till barndomen.

Jag är lycklig igen.

Precis innan ni försvinner i folkvimlet ser jag dig, mamma, i din grå scarf, den du bara använder när du vill vara riktigt fin. Det är fjärilar i bröstet på mig. Jag är din lille kille och du är min mamma, min egen mamma.

Sigge
RÖRELSEN

Jag sitter på en bänk vid Konservatoriedammen i Central Park, i skuggan av de uråldriga ekarna, och stirrar in i telefonen.

Hjärtat slår i bröstet. Jag orkar inte leva i ovisshet längre. Jag känner att jag snart kastar telefonen i marken av frustration. Någonting händer med mig som jag inte kan kontrollera. Jag känner det i hela kroppen: Huset är inte längre bara ett hus, det är en räddning.

Huset är den utväg, eller *väg in*, som jag letat efter. Jag visste det i samma ögonblick som mäklaren låste upp dörren och släppte in mig. När han sköt fönsterskydden åt sidan och ljuset fyllde det stora vardagsrummet.

Jag visste att jag hittat rätt. Det var en lika tydlig känsla som när jag tjugosju år tidigare hamnade vid sidan om, när min farmors gård revs och jag som fjortonåring stod på gräsmattan och såg grävskoporna äta sig in i träet. Det var en kroppslig upplevelse. Jag visste där och då att allt var på väg att förändras. Det var som att de grävde stora hål i min själ. Allt skedde så plötsligt, och jag förmådde inte skydda mig. På kort tid skildes mina föräldrar, gården revs, min farmor och farfar dog och jag stod kvarlämnad där, ensam och hudlös. Det kanske inte är så konstigt att mitt liv efter den punkten gick ut på att hitta tillbaka till tiden innan.

Bortom dammen, bakom lövverken, står skyskraporna som tysta berg, krämgula i eftermiddagssolen, den enda påminnelsen om att vi befinner oss mitt i en storstad. Här märks ingenting av trängseln och stressen som pågår, bara hundra meter bort. Bara ett fjärran trafiksus och en och annan polissiren. Här ser folk ut som att de är på en badstrand – halvligger på filtar och bänkar runt dammen. Vita fåglar kretsar över de djungellika träden. Doft av spunnet socker och popcorn från det lilla kaféet.

Mina tre barn står vid dammens kant och styr de radiostyrda leksaksbåtarna med var sin fjärrkontroll. Det är ovanligt att se dem så lugna. De är koncentrerade på båtarna och tycks ha glömt mig. För bara fyra år sedan slutade samma lek i kaos. Pojkarna bråkade och skrek eftersom de hela tiden körde in i varandras båtar och Malin försökte amma Belle som vägrade ta bröstet och bara grät. Nu står de stilla och tysta bredvid varandra alla tre, med antennerna riktade mot sjön som fiskespön.

Jag kollar mejlen för säkerhets skull, men ingenting från mäklaren. Jag känner paniken igen, hur den stegrar. Jag sträcker på mig och spejar bort mot femte avenyn för att se om Malin är på väg tillbaka från sin shoppingtur. Jag behöver henne nu, jag blickar ner på mina händer och ser att de darrar.

Någonting märkligt hände några veckor innan vi reste.

Jag var ledsen efter att ha varit nere i Vejbystrand och lade mitt huvud i hennes knä och grät. Det har jag inte gjort sedan i Göteborg, då vi precis hade träffats. Jag släppte taget, lät henne ta hand om mig. Hon sa inte mycket men det behövdes inte. Hon strök mitt hår och min nacke. Sedan den kvällen har jag velat vara nära henne hela tiden, varit lika fysisk med henne som i början; smekt hennes rygg när vi gått på gatan, hållit hennes hand, sovit nära henne. Jag behöver ha henne nära nu.

Jag ser mig omkring, men hon är fortfarande inte tillbaka.

Det är något med denna plats som påverkar mig extra mycket. Min pappa tog oss hit när vi var i New York första gången, för nästan trettio år sedan. Vi hyrde radiostyrda båtar då också, och åt sockervadd. Det var en ljuvlig stund. Vi var så uppfyllda av alla intryck inne i stan att det var skönt att hämta andan vid den lilla dammen. Pappa var ovanligt harmonisk den dagen, och vinkade glatt till oss från sin bänk.

Sju år senare var jag tillbaka vid dammen men då ensam. Familjen var splittrad och jag hade ingen aning om vad jag ville göra med mitt liv. Jag sökte mig tillbaka hit och satt här i flera timmar och tänkte på allt som hänt, på allt som var borta. Jag sörjde min pappa och bror som om de vore döda. En ensam vandrare genom livet, med en systemkamera på bröstet som skydd mot omvärlden. Det var som om en bur sänktes ner över mig 1988, som jag sedan försökte ta mig ur. Försök på försök, ändlösa nätter vid skrivmaskinen eller datorn, med himlen som ljusnar utanför, grusiga ögon som vill gråta för att ännu en natt gått utan förlösning. Desperationen var densamma när jag reste till New York 1994. Jag drömde om att jag skulle lyckas fota någonting bra, att världen skulle acceptera mig, och att dörren därmed skulle öppnas. Kanske tänkte jag att barndomen skulle återuppstå då. Men självhatet växte i takt med misslyckandet. Så såg kampen ut – den som inleddes när jag stod på min farmors gårdsplan och såg plankorna fraktas bort på lastbilsflaket, och min värld rasade runt omkring mig.

Jag ser ner på telefonen. Fortfarande ingenting från mäklaren.

Jag ser barnen borta vid dammen. Småbarnsåren är snart över och sakta men säkert återvänder jag till den jag var innan; ibland känns det som att jag blir yngre och yngre, för varje dag barnen blir äldre. Aldrig har jag varit så gammal som när vi var här senast, 2011, då vi var längst inne i småbarnskaoset. Krumryggad, trött in i märgen, lättretad och uppgiven. Nu är de äldre, nu skingras röken. Det är ofattbart, men också orováckande, för i den tystnad som uppstår framträder misslyckandena. Så många hårda ord, så många besvikelser. Så många gånger som jag skrikit till barnen eller till Malin och gått över gränsen, som jag brutit de löften jag givit.

Samtidigt ser jag inte hur jag skulle ha kunnat agera annorlunda, för jag saknade tydligen ork. Jag förstår nu varför så många föräldrar – inte minst mina egna – bemött kritik från sina barn med blanka ansikten. Jag anar nu att jag kommer att stå lika handfallen den dag det är dags för mina barn att anklaga mig. Hur skulle jag ha kunnat bete mig annorlunda än jag gjorde? Uppenbarligen var jag begränsad, uppenbarligen orkade jag mycket mindre än jag trodde.

Samtidigt gjorde jag allt för dem, det vet jag. Allt det *jag* förmådde. Eller? Den inre konflikten, om huruvida jag offrade för lite för dem, pågår ständigt. Hur kunde jag sitta och skriva när det låg en bebis vid mina fötter och grät? Men jag vet också att jag satt på akutmottagningar, jag vet att jag gick upp om nätterna och duschade av spyindränkta lakan, jag vet att jag såg in i ögonen på dem när jag pratade med dem och att jag lyssnade med hela min själ, jag vet att jag genomled ändlösa föräldramöten, att jag stod i regnet på fotbollsträningar, att jag älskade dem så mycket att det gjorde ont, att jag låg i väldigt små sängar och i timmar berättade sagor för att de skulle somna.

Jag vill sova i tre år.

Jag behöver huset. Det perfekta huset, med det gröna gräset och det knarrande golvet. Jag kände det direkt när jag kom in i hallen och möttes av en doft och en atmosfär som var bekant. Huset liksom omslöt mig, och jag kände mig trygg. När jag hade tittat på alla rum och inspekterat gäststugan och förrådet satte jag mig i bersån i kvällssolen och grät, för det var så tydligt för mig att det var precis så här det skulle gå till: huset skulle ligga just här, och inte i Vejbystrand. Barndomen var en tid av upptäckande och nyfikenhet, så jag måste fortsätta *upptäcka*, som barnet upptäckte – och då måste jag hitta en *ny* plats. Denna plats.

Det låter logiskt, men tog ändå ett helt vuxenliv att förstå.

Jag ser ner på telefonen.

Jag blickar bort mot bänken där min pappa satt 1987. Jag och min bror står strax framför honom, nere vid dammen. Han ler från bänken och vinkar till oss. Han är en ung ekonom som flugit till New York för att hålla ett föredrag för svenska New York-ekonomer. Det är fortfarande ett år kvar tills han och mamma ska skiljas. Han är bara trettiofem år. Han är min stora idol.

Jag ser mig omkring. När jag återvände hit som tjugoåring, redan då en tillbakasträvare, drömde jag om att den här platsen skulle vara en portal till det förflutna, och att en dörr skulle öppna sig, som i sagorna, och jag skulle kunna möta barndomens pappa igen.

Men livet är inte kronologiskt. Det är inte i det förflutna man hamnar när man befinner sig på en sådan här plats – utan i en dimension där åldrar inte finns.

Sådant är också huset – ett rum där åren inte finns. Eller där *alla* år finns.

Jag ser mina barn och tänker att de en dag kommer att minnas den här stunden. Hur kommer deras minnen se ut då? Det är omöjligt att veta. Barndomsminnen är ett slags Instagramflöde av förskönade snapshots, filtrerade och vinklade. Verkligheten är mer komplicerad. Hur mådde jag *egentligen*, när jag var här med min pappa och bror? Det är svårt att utsäga, men det är inte otroligt att jag vid det laget hade börjat förnimma en förändrad atmosfär mellan mina föräldrar. Nog förstod jag att min mamma inte var helt lycklig – jag hade ju sett henne sitta i soffan med glasartad blick ibland, försjunken i tankar. Och nog hade jag börjat uppfatta att mina samtal med min pappa var mer enkelriktade än jag trott, och visst var New York-resan präglad av hans föreläsningar för oss om byggnaderna och Manhattans historia. Kanske är min upplevelse av den här stunden, försommaren 2015, alltså minst lika rik som mina barns. För jag är både i deras kroppar och i min egen barndom just nu. Jag både står där och styr båten, samtidigt som jag ser barnen göra det. Med andra ord är min upplevelse av att sitta här nu kanske ännu mer mångbottnad än barndomens lek. Varför då sträva bakåt?

Det är en flyktig tanke, närmast banal, men den gör mig upprymd. Kanske är det sant ändå. I vuxenlivet kommunicerar ögonblicken med varandra, hela ens historia finns närvarande, på ett sätt som inte kan ske i barndomen, och då händer någonting *bortom tiden*.

Leken vid denna damm 1987, besöket här 1994, kaoset med de bråkande barnen 2011, lugnet här i dag – upplevelserna talar med varandra. Trådar spänns genom historien och sammantvinnas. Min pappa sitter där borta på bänken nu, han är ung och han är fortfarande min idol. Jag är trygg i hans närhet och älskar honom gränslöst. Samtidigt har jag börjat ana nya sidor av honom, ana framtiden, ana vilken mörk tid vi är på väg in i. Mina barn står där nere vid dammen, de vet att jag sitter här, de är trygga i min närhet. Och parallellt med detta går tjugoåringen omkring där borta och försöker förstå vart han ska ta vägen i livet, och fotar båtarna med sin systemkamera. Medan trettioåringen står på knä inne på kaféets toalett och försöker byta blöja på en gråtande bebis. Tillsammans skapar den gruppen av minnen ett nytt minne.

Livet är inte kronologiskt.

Jag minns första gången jag kom i kontakt med det uttrycket. Det var just under New York-resan 1994, när jag var här med min kamera och gick runt som berusad av att det fanns motiv överallt. Röken som steg från brunnarna, de svindlande byggnaderna av stål och glas som blänkte i solen, de fluffiga molnen som gled fram *mellan* skyskraporna, och –

framför allt – alla dessa färgstarka karaktärer på gatorna: överklasstanterna med sina jättesolglasögon, de uniformsklädda entrévakterna och alla uteliggare. Inspirerad vandrade jag gata upp, gata ner, med kameran på bröstet, och brände av en bild i smyg så fort någon excentrisk person passerade. Det var förtrollande att vara delaktig, att inte bara uppleva denna myllrande doftande stad, utan att också fånga den – för så kändes det. På kvällarna när jag märkt upp mina Kodakrullar med dagens datum somnade jag lycklig, för jag var ju på väg att bli en riktig fotograf.

En dag såg jag en gigantisk bok i ett skyltfönster. Den tornade upp sig som en gravsten. Säkert femhundra sidor tjock. Som ett litet bord som vält på högkant. Och så namnet i decimeterhöga bokstäver: AVEDON. Snart satt jag på en pall inne i bokhandeln med boken i knäet och öppnade den försiktigt.

Allt med den där boken var hisnande: Först och främst var den tyngre än någon annan bok jag läst. Det var som att ha ett betongblock i knäet. Den doftade starkt och märkligt och jag föreställde mig att det var för att det gått åt ovanligt mycket svärta för att trycka så uttrycksfulla svartvita bilder. Och den var ordlös, vilket jag aldrig sett i en konst- eller fotobok förut. Varje sida var ett stort svartvitt foto bara.

Dessutom var dispositionen märklig. Varje uppslag bestod av två bilder, ibland tagna med trettio eller fyrtio års mellanrum. Till vänster kunde det vara en bild av honom själv som tolvåring, och till höger en bild på hans döende pappa, tagen på ett hospice, fyrtiofem år senare.

Det var inte förrän jag nådde Avedons efterord som jag insåg vad han ville säga. De två bilder som "möttes" på uppslagen var valda med stor noggrannhet. *De talade till varandra genom decennierna*, menade han. Och den sista meningen drabbade mig med full kraft: *Life is not chronological*.

Innan jag lämnade bokhandeln stängde jag boken och blickade in i Avedons vilda blick på baksidan. Han såg ut som en man som varit i både himlen och helvetet och som nu återvänt till jorden för att berätta för oss vad han lärt sig: Livet är inte kronologiskt.

Det finns rum inuti oss, som vi vandrar mellan. Ett sådant rum är denna lilla damm mellan skyskraporna på övre Manhattan. Ett annat sådant rum är mitt pojkrum, med dess ensamhet och rädslor, som jag återbesöker ibland om nätterna. Ett tredje sådant är vår balkong i Akalla, där min mamma står och tar beslutet om att lämna oss – ibland står jag där igen och tror att någon annan ska lämna mig.

Jag förstod det på ett intellektuellt plan för många år sedan, men nu känner jag – där jag sitter och stirrar in i mobilen i väntan på att mäklaren ska ringa – att jag är beredd att också leva så.

Jag ser barnen nere vid dammen och det slår mig plötsligt att Truls inte har vaknat med nattskräck på flera veckor. Det är ett enormt framsteg. Det känns symboliskt också, eftersom det innebär att vi för första gången sedan 2003 hädanefter inte kommer att behöva gå upp för att ta hand om barn på nätterna. Jag ser honom nere vid dammen och blir rörd av att han är så stor och jag grips av en impuls att gå fram och krama om honom, men hindrar mig själv eftersom jag inte vill störa honom nu när han verkar ha så kul.

Jag ser på dem alla tre och tänker: Jag har erbjudits en chans att byta riktning. Jag är skyldig både dem och mig själv att ta den chansen. Först nu är jag mogen.

Det har tagit lång tid att komma hit, men nu förstår jag.

Jag tror inte längre att vi någonsin kommer att kunna förstå det förflutna, för minnet tvingar alltid in det i en berättelse, som per definition är osann. Jag tror inte heller längre att vi någonsin kommer att kunna leva i nuet, eftersom nuet är så flytande.

Det enda jag tror – *vet* – är att vi ständigt är i rörelse mellan olika känslomässiga rum, som är oberoende av tiden eftersom så många olika åldrar är närvarande i dem.

Livet är inte kronologiskt. Det expanderar i alla riktningar, om man bara slutar tro på tiden och i stället vågar tro på rummen. En oktobereftermiddag 1987 får djupare innebörd om man en sommarkväll 2015 återvänder till samma lilla damm, och släpper idén om att de två ögonblicken är del av en berättelse. Och en ensam tjugoåring kan få upprättelse när fyrtioettåringen sänder honom sin tacksamhet, tjugoett år senare.

Jag vill leva så. Jag vill lära mig uppskatta de åldrar jag hånat, när jag självkritiskt sett tillbaka. Jag vill kunna vandra fritt mellan rummen, men då måste jag radera berättelsen om mig själv. Genom att ge upp idén om att livet levs längs en tidsaxel, kan ögonblicken fritt gifta sig med andra ögonblick och fler rum uppstå. Om jag slipper hemfalla till berättelsen om den sårade pojken som söker revansch, kan nya dörrar öppnas – både inåt och utåt. Kanske kan jag – om jag lyckas med det – växa i alla riktningar. Det är i alla fall målet. Nu vet jag det. Lyckas jag med det kan jag bromsa tiden, för ju rikare ögonblicken är, ju större rummen är, desto saktare går tiden. Det vore så vackert, om jag kunde leva så. Jag har drömt om det sedan jag hittade Richard Avedons bok i det där skyltfönstret …

När telefonen piper till tappar jag den nästan, av chocken.

Jag ser ner på skärmen; det är mäklaren som skickat ett sms: "Auktionen är avslutad. Huset är ert."

Och jag sjunker ihop på bänken.

I fjärran hör jag staden susa. Energin som aldrig avstannar, som inte har någon specifik riktning. Som är både min egen och världens. Som ständigt byter form och som ständigt rör sig, ut och in genom historien. När jag släpper tron på tiden så kan jag följa med i den rörelsen.

Nu ser jag min fru komma gående, långt borta i den lummiga skogen, och jag reser mig upp för att hon ska se mig. Hon vet inte att vi har fått huset, men snart ska jag berätta det för henne.

Och där och då finns ingen tid. Jag är en del av rörelsen – och nu känner jag staden pulsera bakom träden, hur människorna kämpar fram på gatorna, alla inneslutna i sin värld, alla ensamma tills de i korta ögonblick sammansmälter med omvärlden. Deras rörelse är min rörelse. Jag ser mitt eget liv, oöverskådligt och tragiskt och vackert, jag känner hur dess rörelse är i takt med världens. Och jag ser Malin vinka till barnen. Nu ser de henne komma. De hoppar upp och ner och vinkar ivrigt till henne och pekar på sina små båtar – *Titta mamma! Titta!* – och jag ser vinden gripa tag i de små seglen, och i ett ögonblick ser det ut som om de ska lätta från vattenytan och sväva bort över parken.